TÉCNICAS CULINARIAS

hazte un mejor cocinero

CHEF MIRIAM RODRIGUEZ

TEMARIO

INTRODUCCIÓN

El punto inicial de inspiración de este material, ha sido las infinitas veces que pasé páginas de muchos libros de cocina, buscando uno que pudiera cubrir la información básica que todo cocinero o estudiante de cocina necesita para complementar sus estudios y no poder encontrarlos, la sensación de vacío que queda al ver que necesitaba muchos textos diferentes para poder reunir información, sobre una serie de técnicas gastronómicas que son tan necesarias e importantes para poder dominar el arte de la gastronomía.

El mundo gastronómico ha venido evolucionado a través del tiempo hasta un punto donde el dominio de las técnicas y la tecnología culinaria se ha trasformado en una necesidad para poder formar la base de la misma. Y en el camino de esta evolución, ha ocurrido un fenómeno inevitable que ha sido la continua expansión de información, creando muchas veces este mismo agente multiplicador un factor distorsionador de la misma. Es así como podemos encontrar que cada material bibliográfico tiene para un mismo parámetro medidas y definiciones diferentes que pueden llevar al estudiante de esta carrera a grandes estados de confusión.

No pretendo asegurar que esta información sea la única y exclusiva, manera de realizar las cosa en la cocina, pero si he descubierto a través de entrevistas a muchos colegas y consultas totalmente documentadas que son funcionales para poder trabajar y realizar preparaciones colmadas de técnicas que nos llevaran a un éxito final de las mismas.

Una vez dominado esta serie de métodos y herramientas culinarias, se puede decir que el cocinero, puede alcanzar el clímax de la creación, ya que no tendrá limites en la elaboración de sus creaciones gastronómicas.

Desde los cortes, pasando por los fondos, roux y con la aplicación de las salsas madres con sus deliciosas derivaciones e incluyendo los métodos de cocción que nos ayudaran a elaborar cada alimento de una manera artística y científica, dando como resultado los más exquisitos platillos, que dan vuelta al mundo enamorando paladares. De esta manera los invito a pasear en esta guía, por todo el fascinante, variado y complejo mundo de la gastronomía.

CUCHILLOS

Uno de los dilemas que más debe sortear un cocinero en sus inicios, es el de la selección de los cuchillos, ya que la inmensa variedad de modelos, marcas y materiales, se prestan a la confusión a la hora de adquirir este importantísimo instrumento de trabajo. El cuchillo de cocina es una de las herramientas básica y mas importante de todo cocinero. Su forma, tamaño y hoja varía según para lo que fue creado. Hay una serie de puntos que debemos tomar en cuenta a la hora de adquirir, un cuchillo tales como: el agarre, control, balance, eficiencia, durabilidad e higiene antes de comprar un cuchillo. Se debe tener presente que el éxito del trabajo de un chef depende en gran medida del conocimiento de los cuchillos que manipulen habitualmente.

También es muy importante fijarse en la forma y el tamaño del cuchillo, así como en el uso final que se le va a dar, sin dejar de lado los materiales con los que está elaborado. Es indispensable comprender que los materiales con los que se fabrican, pueden representar ventajas y desventajas, según cuál sea.

Los más comunes y más usados son los cuchillos de cocina de acero inoxidable con aleación de carbono y otras aleaciones, pero también existe de otros materiales que se mencionan a continuación:

- Cuchillo de Acero al Carbono

Los cuchillos realizados con este tipo de material tienen como ventaja que adquiere filo fácilmente y logra mantenerlo a pesar del uso, Las propiedades y durabilidad de este tipo de acero depende del porcentaje de carbono que posea.

Este tipo de cuchillos tiene como desventaja que se oxida muy fácilmente con la humedad y tiende a perder el color y sacar vetas, cuando entra en contacto con algo ácido.

- Cuchillo de Acero Inoxidable

Los cuchillos realizados con este tipo de material tienen como ventaja que son muy resistentes a la corrosión. Son realizados con una aleación de hierro y carbono.

Este tipo de cuchillos tiene como desventaja que su afilado es difícil y cuesta mantenerlo.

- Cuchillo de Acero Inoxidable de Alto Carbono
  Entre sus ventajas esta:
    - Alta flexibilidad a cualquier temperatura
    - Resistente a la corrosión
    - Adquieren fácil y rápidamente el afilado
    - Mantienen muy bien el afilado a pesar del uso.

Como desventaja se puede decir, que requieren cuidados especiales para mantenerlos y que su coste es elevado.

- Cuchillo de Súper Acero Inoxidable con Aleación de Acero
  Estos son cuchillos de una gran belleza, muy duros y difícil de afilar.

- Cuchillo de Cerámica

Los cuchillos de este material son extremadamente caros y se rompen con facilidad, pero ofrecen la ventaja de mantenerse siempre afilados, nunca se corroen y se limpian con facilidad. Además, no son porosos, por lo tanto, no trasfieren el sabor de los alimentos.

- Cuchillo de Titanio

Los cuchillos realizados con titanio son continuamente comparados con el acero, sin embargo, los de titanio son mucho más resistente y con menos tendencia a sufrir daños por la corrosión

Es un cuchillo más ligero que los de acero, mantienen muy bien el filo, y son más duraderos. Además, el titanio es más flexible que el acero, por lo que es una buena elección para cuchillos destinados a filetear.

MATERIAL DEL MANGO

También es importante tener en consideración el material de mango del cuchillo, ya que un cuchillo sin agarre puede ser causante de accidentes y problemas de salud.

- Mangos de Madera

Son los más comunes, pero debido a medidas sanitarias su popularidad ha caído en los últimos tiempos. Se ha demostrado que la madera suele retener bacterias entre sus poros. Además, los mangos de madera no tienden ser de larga duración.

- Mangos de Acero Inoxidable

Estos mangos no requieren mantenimiento. Son duraderos y fácil de limpiar. En aquellos cuchillos con una hoja larga o los cuchillos pesados con un mango de acero inoxidable estarán mejor balanceados en comparación con otros cuchillos cuyo mango sea de otro material.

En cuanto a sus desventajas se puede decir, que es su agarre, ya que se pueden resbalar cuando aún están mojados.

- Mangos de Polioximetileno (Plástico)

Los cuchillos con el mango de polioximetileno gozan hoy en día de más popularidad.

La mayoría de ellos son fáciles de limpiar y aportan un mejor agarre. En cuanto a sus desventajas se puede decir, que pueden romperse por el uso, por el paso del tiempo o cuando se exponen a cambios bruscos de temperatura.

- Mangos de Goma

Estos tienen un buen agarre y tienen una alta durabilidad. Son ideales para periodos largos de trabajo. En cuanto a sus desventajas se puede decir, es que en cuchillos económicos, estos no tienen un buen balance por lo que acaba siendo un poco difícil trabajar con ellos.

TIPOS DE CUCHILLOS DE COCINA PROFESIONAL

- Cuchillo Cebollero o Cuchillo del Cocinero

También es llamado el cuchillo de Chef. Se trata de un cuchillo de hoja larga y triangular, ancha en su base y estrecha en la punta. que suele medir entre 20 y 30 cm. El borde ligeramente curvo permite balancear el cuchillo para cortar con facilidad.

Su tamaño y diseño, hace que se adapte mejor a la función de: trocear, cortar y triturar.

- Cuchillo para Filetear

Cuchillo de hoja larga, delgada y puntiaguda. La hoja es flexible y mide unos 12 cm de longitud. Tiene un tamaño que le permite introducirse fácilmente por ranuras estrechas; su mango es grande y robusto comparado con la hoja para poder ejercer gran fuerza en su manipulación.

Por lo general es usado para cortar pescado crudo, desollar y eliminar espinas. Pero también se puede emplear para dar un corte curvo a los alimentos.

- Cuchillo Deshuesador:

Tiene la hoja larga, curva, delgada y rígida que suele medir entre 9 y 15 cm. Con un extremo delgado y afilado que es realmente el que realiza el trabajo de separar el hueso de la carne desplazando la hoja del cuchillo por el borde del hueso.

El diseño de la hoja está pensado para que entre bien en la carne y poder retirar los huesos de su interior sin dañar la pieza.

Por lo general es usado para deshuesar carnes y aves.

- Cuchillo de Sierra

Se pueden encontrar en dos tamaños: El más grande y largo se emplea para cortar pan y tortas. El más pequeño se utiliza para cortar frutas y verduras.

- Cuchillo de Puntilla

Este cuchillo, con la forma de un cuchillo de cocinero, pero con una hoja 6 a 9 cm de longitud, es uno de los más versátiles en la cocina. Es pequeño, con una hoja estrecha y puntiaguda. Es empleado generalmente para realizar pequeños trabajos como pelar, trocear, cortar, modelar y redondear vegetales, mondar frutas, para cortar trozos de carne, queso y trabajos artísticos y delicados.

- Cuchillo Medialuna

Hoja de acero curva con un asa vertical de madera a cada lado. Se utiliza con un movimiento de balance y se utiliza para cortar hierbas, verduras de hoja, etc.

- Cuchillo y Tenedor para Trinchar

Tiene una hoja larga y estrecha para cortar lonchas de carnes calientes. Es un cuchillo estriado con el extremo redondeado sirve para cortar carne fría.   El   tenedor que se utiliza en estos casos tiene dos dientes largos llamado trinche; que se apoya sobre la carne para dar firmeza y poder realizar el corte con precisión.

- Hachuela

También se conoce como "tallante", "hacha" o "cuchillos de golpe", porque están diseñados para golpear o cortar ingredientes de gran rigidez. Son robustos y poseen una hoja muy ancha y de forma rectangular, de igual refuerzo tanto en la punta como en la base.

Se emplean para cortar huesos u otros ingredientes altamente resistentes al corte, como para trocear piezas grandes de carne

- Cuchillo para Salmón

Cuchillo de hoja larga y delgada, flexible y superficie aveólada a ambos lados que permite realizar los cortes lo más cercano posible al hueso y filete mas finos.

- Cuchillo Jamonero

Con un diseño ideal para cortar jamones, ya que es largo y flexible para conseguir lonchas muy finas y largas. Ofrece cortes precisos y fácil.

Dentro del mundo del cuchillo, se puede encontrar otra clasificación de los mismos:

- Cuchillos de Medio Golpe

Son cuchillos utilizados para el corte de productos en una superficie apoyada mediante un movimiento sincronizado y circular. Este tipo de cuchillo tiene una pequeña curvatura en la hoja, que permite un perfecto apoyo en la tabla y que facilita que el cuchillo acompase el movimiento.

Existen distintos tamaños de cuchillos de medio golpe, que depende de las características del cocinero, se usan para sacar porciones de carnes, pescados e incluso para el fileteado.

Dentro de los cuchillos de medio golpe se incluyen todos los cuchillos de hoja amplia y plana

- Cuchillos de golpe

Son aquellos que, como su propio nombre indica, han sido diseñados para golpear cortar cartílagos, huesos o cortar ingredientes de gran rigidez altamente resistentes al corte. Son robustos ya que poseen un filo muy ancho, de igual refuerzo en la punta que en la base.

- Chaira

También puede ser llamada honing, es una vara de acero redondeada larga y resistente, usada para mantener y afilar los cuchillos.

Es una herramienta esencial que siempre debe tener todo cocinero junto a su juego de cuchillos. Cuando se va a comprar una shaira es muy importante adquirir una más dura que los cuchillos que se desee mantener afilados. (Teniendo en cuenta la escala Rockwell).

Escala Rockwell es un indicador de la dureza de algunos materiales. Cuanto más elevado es el número alcanzado en la escala más duro es el material del cuchillo.

La mayoría de los cuchillos que se utilizan en la cocina se encuentran en los niveles 54 - 57 de la escala Rockwell. Y las "shairas" o "steel" se encuentran en los niveles 64 - 67. Es importante tener esto en cuenta porque para conseguir un buen afilado, se debe de realizar una acción de roce contra un material más duro (con un valor más elevado en la escala Rockwell) que el cuchillo que se desea afilar.

Cuando se dispone de un cuchillo para la cocina es necesario practicar para poder adquirir la habilidad de manipulación.

Aquí se puede decir que es muy certera la frase popular de "La práctica hace el maestro".

CORTES

Las verduras, frutas, carnes y otros productos alimenticios se cortan de diferente manera dependiendo del uso que se les dará y estos cortes se realizan con la finalidad de:

- Ayudar a diferenciar los platos, con los mismos ingredientes.
- Reducir los tiempos de cocción (cuanto más pequeños, menos cocción).
- Dar un toque de originalidad y decoración a los platos.

Como prevención se deben observar ciertas medidas de seguridad a la hora de realizar los cortes:

El cuchillo se debe tomar entre el mango y la hoja, para poder tener un equilibrio y no dañar estructuras oseas del brazo o la mano, por el constante e incorrecto uso de las mismas.

Los dedos de la mano que sujeta el vegetal, se deben recoger en ángulo hacia la palma de la mano, para evitar accidentes con ellos.

El cuchillo se debe mover con un movimiento bascular, esto quiere decir que la punta se debe colocar pegada a la tabla y se le da un movimiento de vaivén.

El cuchillo debe estar bien afilado, ya que la falta de filo obliga a realizar movimientos, más fuertes y descontrolados, que aumentan los riesgos de accidentes y cortaduras.

La práctica hace al maestro. No hay corte perfecto, si no se practica. Cortar con profesionalismo es un arte que necesita horas de dedicación y trabajo duro. Al dominar los cortes se puede mostrar un trabajo con más estética y sonde se apreció fácilmente la perfección.

Para el aprovechamiento óptimo de los cortes se debe, cumplir con unos principios básicos.

- Se corta una sola vez, no se repasa.
- Los cortes parejos dan cocciones parejas
- Cortes pequeños, representa, cocciones más cortas
- Cortes gruesos, representa, cocciones más largas.
- Cortes groseros y grandes, cocciones muy prolongadas. (Fondos, hervidos, etc.)

Tipos De Cortes.

Generales: Son aquellos que se pueden aplicar a varios vegetales sin alterar su característica principal

Específicos: Son aquellos que se aplican de manera única y específica a un vegetal.

- Brunoise. Se utiliza principalmente en verduras o frutas formando cuadros de aproximadamente de 0,2 a 0.5 cm. de grosor. Se corta primero bastones y por último cortes verticales, resultando unos cuadros. Cuando es para aderezos o salsa, se realizará "Brunoise fino".

- Julienne O Juliana. Son tiras finas de aproximadamente 5 cm. de largo y de 2–3 mm. de grosor. Si el vegetal es grande se corta primero en rebanadas y luego en tiras delgadas. En el caso de vegetales planos, como el pimiento, célery, vainitas, se debe cortar sesgado y bien fino.

- Allumettes O Fosforo: Es un corte plano, fino y alargado, en forma de bastón de unos 5 cm, de largo por 1.5 a 2 mm, de ancho. Se trata de dar forma de allumettes (fósforo en francés). Se emplea en papas, zanahorias, y vegetales duros. etc.

- Batonnet O Bastón: Corte rectangular de 5 a 6 cm de largo por 1 cm. de ancho. Primero se debe emparejar el vegetal para que queden todos los bastones parejos, luego se cortan rebanadas cuidando que queden del grosor de 1 cm y luego los bastones tratando que el tamaño sea uniforme. Se utiliza en papas, zanahorias y en otros vegetales.

- Chiffonade: Corte muy fino aplicado por lo general a hojas. Es más delgado que el Corte Juliana. Para facilitar el corte las mismas se deben enrollar y luego proceder a lo largo del tubo.

- Ache: Corte muy fino aplicado por lo general a hojas. Consiste en cortar las cantidades de veces necesarias, loas hojas hasta que quede en trozos inferiores a los 2 mm

- Paille O Paja: Parecidas a las papas bastón, pero con un espesor de 1 mm y de 5 cm de largo. Primero se cortan rebanadas y luego tiras finas.

- Jardinera: Se trata de cortar los vegetales en tiras de 0.5 cm de ancho por 0,5 cm de grosor y 4 - 5 cm de largo. Son bastones más gruesos, pero más cortos que la Juliana.

- Aros: Es un corte que se aplica a la cebolla. Se realiza con un grosor superior a los 2 mm. En adelante y se debe colocar transversalmente la cebolla y luego cortar los aros

- Bracelets. Es un corte de uso exclusivo de la cebolla. Consiste en realizar un corte de 2 mm. de grosor y se aplica la misma técnica del aro.

- Ciselado: Cortar la cebolla por la mitad de manera longitudinal, se debe conservar el nudo. Cortar la cebolla en rebanadas de 1 o 2 mm de espesor hasta llegar al otro extremo. Este corte se utiliza para rellenos finos, salsas, ensaladas y aderezos. Se suele llamar en otros vegetales brunoise.

- Doble Ciselado: Se utiliza en las cebollas, y es cuando se corta una cebolla por la mitad y luego cada mitad en lonjas finas, horizontal y verticalmente y por último transversalmente, logrando unos pequeños cuadros de 0,2 a 0,3 cm.

- Pluma: Se deja parte del nudo. Se corta la cebolla por la mitad de manera longitudinal y luego en sentido de las líneas que tienen marcadas las capas de las cebollas. Se realizan tiras de un grosor de 0,2 a 0,3 cm.

- Cascos: Cortar por la mitad el vegetal y retirar las semillas, hasta realizar una especie de canoa.

- Cuartos Y Gajos. Generalmente se utiliza en papas, huevos duros y tomates. Como su mismo nombre lo dice es cortar en cuatro trozos a lo largo. Dependiendo del tamaño del ingrediente el número de gajos puede aumentar.
No tiene un grosor especifico, depende del uso a dar.

- Concasse. Corte exclusivo para el tomate que se escalda para retirar fácilmente la piel, se corta por la mitad, se retiran las semillas.

- Mirepoix: Corte irregular de vegetales, pero manteniendo proporciones semejantes. utilizamos para la preparación de fondos, salsas o sopas.

- Macedonia: Se trata de cortar las frutas en cubos de unos 1 cm. de lado. Se debe sacar primero la lámina, luego el bastón y por último los cubos.

- Paysanne O Paisana. Es un corte derivado de la jardinera de 1 a 2 mm x 1 cm. x 1 cm. Puede ser realizado en triángulos, rombos o cuadros. Se emplea para zanahorias, calabacines, berenjenas, cebollas, etc.

- Parmentier. Cubos de aproximadamente 2 cm. se aplica a papas, aunque algunas veces se hacen referencia a este corte en verduras y carne. Se debe cortar primero la lámina, luego el bastón y finalmente el cubo.

- Torneado Château O Torneado Clásico. Se trata de un torneado de 7 caras, de 7 u 8 cms. de espesor y 80 grs. de peso. Por lo general se utiliza para guarniciones de papas, zanahorias, zapallos, etc. que una vez torneados se cuecen al dente. El método francés prescribe siete cortes.

- Torneado Inglesa: Papa torneada de 6 o más lados y pesa 60 grs.

- Torneado Nature: Papa torneada del tamaño de un huevo de gallina. Debe pesar 55 grs.

- Torneado Cocotte: Se trata de un torneado liso de 5 a 6 mm de espesor.

- Torneado Fondant: Se trata de un torneado con una cara plana y 4 redondeadas, 8 cm. de largo y 90 grs. de peso.

- Torneado Olivette: Es igual al torneado, pero de un tamaño muy inferior.

- Torneado Saboyarde: Papa torneada con un lado plano, cortada en finas rodajas, pero dejando 2 cm. de espesor en el fondo.

- Chips O Española: Cortar en rodajas finas, de unos 2mm de espesor. Generalmente se usa en papas, camotes, plátanos. El corte es más parejo y preciso si se utiliza mandolina. Ejemplo: Chifles.

- Gaufrettes O Rejilla: Corte realizado con una herramienta especial que confiere una forma de rejilla entrelazada.

- Panadera: Corte en forma redonda de unos 3 mm de grosor que se emplea para freír a baja temperatura. Es un tipo de corte originario de la cocina española destinado principalmente a obtener papas (aunque también se puede aplicar a calabazas, zanahorias y calabacines, entre otros), en forma de rodajas de unos 3 o 4 mm de grosor

Este corte está relacionado con los cortes rondelle y Vichy, con los que también se obtienen rodajas en hortalizas alargadas, pero, a diferencia de estos dos, el corte en panadera es más irregular o rústico.

- Souffle: Se trata de un corte en rodajas de unos 3 mm. de espesor y se prepara friendo estas papas en aceite caliente (170 - 180 C), luego se deja enfriar y se vuelven a freír para que se inflen, durante 5-6 minutos.

- Noisette. Son pequeñas bolitas del tamaño de una avellana que se sacan empleando una cucharita especial llamada "sacabocado" o "boleador". Se utiliza para frutas y verduras. Ejemplo: Noisette de melón, patilla, papaya, etc.

- Parisien. Son bolitas más grandes que las noisette y se utiliza un boleador más grande. Se aplica en frutas y verduras. Cuando las noisettes o parisienes se hacen con papas éstas toman el nombre de "pommes rissolete".

- Perlas: Son pequeñas esferas que se obtienen utilizando una cuchara o sacabocado del numero 10 o 12.

- Pont-Neuf: Parecidas a las papas bastón, pero de 1,5 cm. de espesor y 7,5 cm. de largo. Son las medidas legales de las papas a la francesa.

- Ecrasse: Si bien el este no es un corte propiamente dicho, se considera dentro de los mismos. Se usa para el ajo, almendras, nueces, etc. Lo que se hace es, con la parte plana del cuchillo, se tritura el alimento, de esta manera es como que se rompe, pero no pierde su forma en totalidad.

- Emincé: Tiras gruesas de 1 cm. de ancho por 4 a 5 cm de largo aproximadamente. Por lo general se emplea en carnes.

- Giratorio: Corte de verduras alargadas que proceden de la cocina asiática. Se cortan las verduras en sentido diagonal al longitudinal (sesgado). Tras el primer corte se le da a la verdura un giro de ¼ y se efectúa el siguiente corte.

- Matignon: Es una combinación de un corte Mirepoix y Macedonia. No tiene tamaño especifico y se emplea, para aprovechar todos los descartes.

- Maxime: Cubos de 2 cm. de lado.

- Rondelle O Rodajas: Es uno de los cortes mas usados en la cocina. Se aplica a vegetales cilíndricos o redondos. Se realiza de diferentes grosores, depende de cómo y para que se necesite, generalmente se acostumbra realizarlos de 2 mm. de espesor. Se aplica a vegetales cilíndricos o redondos.

- Sifflets O Biaus: Corte para vegetales cilíndricos (zanahoria, puerro, etc.), en rodajas oblicuas muy finas. Se debe realizar el corte inicial en forma diagonal y luego seguir en paralelo.

- Media Luna: Se utiliza para vegetales cilíndricos, cortando el mismo en dos mitades a lo largo y dando forma de media luna cortando finamente, cada mitad.

- Van Dicke: Corte decorativo. Utilizado por lo general en frutas y vegetales de forma redondeada. Se hace el corte en forma de zigzag, alrededor del vegetal. Existe en el mercado cuchillos especiales que ayudan a realizar este corte con más precisión e igualdad. Ejemplo: Cestas de patillas, melón, etc.

- Vichy: Corte exclusivo para las zanahorias, aunque se observa cada vez con más frecuencia en otros vegetales cilíndricos. Se trata de cortar en rondeles de 2 - 3 cm. de grosor; pueden ser lisas o acanaladas. Es muy importante que el tamaño sea parejo.

TIPS:
- Con las papas cortadas en Chips y colocar sobre un bol metálico y freír en este, moldeando las papas alrededor del mismo, se logrará una Panera de Papas.

- Al cortar las papas en Paille y colocar sobre un bol metálico y freír en este, moldeando las papas alrededor del mismo, se logrará un Nido de Papas.

Para lograr ambas formas de presentar las papas, es importante NO lavar las papas, ya que se pegan gracias al almidón natural de las mismas.

MISE EN PLACE

Mise en place, es un término francés que se emplea normalmente en gastronomía, el cual significa literalmente "colocar o poner en su sitio" o "La puesta en Marcha" y se refiere a cualquier proceso de preparación culinaria. Consiste en la ejecución de un conjunto de pasos de forma técnica y metódica previas a la apertura del establecimiento, que se realizan para establecer una organización del trabajo, el orden determinado de los ingredientes que se van a emplear para una elaboración, y todo utensilio y material a emplear para la preparación del servicio, es el arranque de la compleja operación que implican las diferentes tareas necesarias para que todo el material esté listo, organizado y dispuesto con el fin de prestar un servicio cómodo, rápido, elegante e higiénico al cliente.

El concepto mise en place en Francia no se utiliza exclusivamente en cuestiones gastronómicas, sino que es una expresión muy común en el lenguaje cotidiano. Así, puede haber una mise en place de un proyecto empresarial, de un discurso o de una jornada de ocio, es decir, en cualquier actividad en la que sea necesario preparar u organizar algo con antelación.

En gastronomía una mise en place se puede expresar con las siglas MEP y puede referirse a los preparativos de un plato especifico, de un coctel o a un servicio de un restaurante. En cualquiera de estos casos, una mise en place implica unos conocimientos técnicos muy amplios en las distintas profesiones relacionadas con la gastronomía.

Finalidad de una mise en place:

- Optimizar el tiempo en todos los preparativos.

- Organizar el trabajo de la cocina de una manera adecuada

- Ayuda a dar un buen servicio y de calidad a los comensales

- Ayuda al cocinero a trasmitir una imagen de profesionalidad

Existen 2 pasos primordiales para una correcta mise en place: Planificación y ejecución del trabajo realizado.

1.- Planificación.

Una vez que se conoce el menú a preparar (Plato a realizar, cantidades de ingredientes a usar, método de preparación que se va aplicar, número de comensales, platos a servir, horario, etc.), se debe planificar la distribución de los espacios a utilizar para las preparaciones, así como los equipos, herramientas y utensilios que se usarán. Cualquier proceso previo que sea necesario deberá ser previsto, para evitar improvisaciones y retrasos en su ejecución.

2.-Ejecución

Una vez finalizada la fase de planificación (Orden de elaboración de los platos, ingredientes a emplear, personal necesario, utensilios y equipos que se necesiten, procedimientos a realizar y el área de trabajo perfectamente limpia y ordenada), se procede al paso 2 que es la ejecución: en este paso se debe cuidar que el trabajo se realice respetando las técnicas convencionales, los tiempos de cocción y las reglas de higiene y de seguridad.

Pasos a seguir para una buena ejecución:
• Primero se debe proceder con el lugar de trabajo y el material a utilizar. Trabajos como vaciar, limpiar, desinfectar, enjuagar y secar, son los primeros pasos.
• Reunir e instalar, cerca del puesto de trabajo los ingredientes, productos, utensilios y material indispensable para los trabajos de la jornada.

Existen tipos de Mise en Place:

- Permanente o Invariable
- Ocasional o Variable
- Mise en Place Permanente

La establece el cocinero en forma permanente, puesto que se trata de elementos imprescindibles para la preparación de cualquier plato.

Se divide en cuatro partes.
• Productos o elementos que no necesitan ninguna preparación: aceite, vinagre, sal, especias, farináceos, fécula, vinos, etc.

• Productos o elementos que necesitan poca preparación previa: perejil, limones, huevos, pimientos, cebollas, mantequillas, bouquet garni, etc.

• Herramientas y recipientes diversos de uso continuo: Cuchillos, tenedores, pinceles, platos, molinos, bols, chinos, tamiz, tablas, etc.

• Utensilios menores (batidores, espátulas, cucharones, espumaderas y cucharas de diferentes medidas).

●   Mise en Place Ocasional o Variable

Se realiza dependiendo de la organización y el menú de cada establecimiento gastronómico, es decir, que es la preparación parcial de ciertos productos con el objetivo de realizar una preparación completa

Los productos deben colocarse en el mismo orden en que van a ser utilizados. El cocinero debe realizar un circuito sin interrupciones que provoca un ahorro considerable de tiempo y energía.

BASES DE LA COCINA

LOS FONDOS:

Son preparaciones que sirven como elemento de base para múltiples aplicaciones, tales como: sopas, cremas, salsas, medios de cocción, etc.

Un detalle importante que no se puede omitir es la calidad de los ingredientes, un buen fondo se obtiene de buenos y frescos productos, sean carnes o pescados, vegetales o el vino que se va a emplear.

Los fondos se comienzan a partir de frío y a fuego bajo, sin que llegue a hervir, para que los productos desprendan sus aromas, y se cocinan sin llegar a ebullición para no enturbiar el resultado final. y cada vez que sea necesario se deben desgrasar y espumar, una vez finalizada la cocción y una vez que se ha enfriado el fondo, debe ser de nuevo desgrasado y clarificado para eliminar la mayor cantidad de impurezas.

Clasificación:

- Fondos Claros: Todos los ingredientes se colocan en el agua a cocer directamente y desde un principio.

- Fondos Oscuros: Los huesos se tuestan primero y luego se les añade el agua y los otros ingredientes.

- Fondos de Vegetales: Es el resultado de la cocción de hortalizas, evitando los vegetales de aroma penetrante como la coliflor, brócoli, repollo, etc. O los que tiñan el fondo como las remolachas.

- Fumet o fondo de pescado: Resulta de la cocción de cabezas y espinazos de pescado blanco, debe ser claro con una ligera turbieza.

Reglas para la elaboración de los fondos:

- Se debe reducir a la mitad del líquido inicial. A una velocidad de medio litro por hora.

- La cocción debe ser realizada a baja temperatura.

- El mirepoix se debe colocar desde el inicio de la cocción y debe ser proporcional al liquido en un 10 a un 15 %.

- El bouquet garni, se debe colocar de 25 a 30 minutos antes de terminar la preparación, para que no se disperse todo su aroma.

- Las hierbas y las especias deben usarse sólo ligeramente. Nunca deben dominar o tener un sabor pronunciado. Es más usual preparar los fondos de sabores neutros.

- El tamaño al que se corta el mirepoix depende de cuánto tiempo se va a cocinar.

- Por lo general no se añade sal al hacer los fondos, porque se reducen, se concentran, y se combina con otros ingredientes. Si se añade la sal, podría llegar a ser demasiado salado al concentrarse.

Saché Garni:

Se llama sache d'épices en francés, y a menudo llamado simplemente sache para abreviar; consiste en hierbas y especias colocadas dentro de una bolsa de gasa u otro material poroso, parecida a una bolsita de té.

Se acostumbra colocar dentro del fondo sujeto con un cordón o cuerda atado al mango de la olla por lo que se puede retirar fácilmente en cualquier momento.

Bouquet Garni:

Se elabora un ramillete de hierbas frescas y otros ingredientes aromáticos atado en forma paquete con una cuerda. Un bouquet garni básicamente contiene una hoja de puerro, en cuyo interior se coloca ramas de tomillo, hoja de laurel y tallos de perejil. Los ingredientes se pueden cambiar para adaptarse a diferentes preparaciones. Escoffier incluye sólo el perejil, el tomillo y la hoja de laurel en el clásico bouquet garni.

Mirepoix:

Se elabora con un 50% de cebolla, un 25% de apio y 25% de zanahorias. Se corta de manera irregular conservando ciertas proporciones.

Se debe cuidar que el mirepoix no exceda el 15% de la cantidad de líquido que lleva el fondo al iniciar la preparación.

ELABORACIÓN DE FONDOS

FONDO CLARO:

- Cortar los huesos en trozos. Este paso se realiza con la finalidad de exponer más la superficie de los huesos y ayudar a la extracción de sabores. Las espinas de pescado y pollo no tienen que ser cortados, pero huesos enteros si deben ser cortados para un manejo más cómodo.

- Colocar los huesos en una olla y añadir agua fría hasta cubrir totalmente, por lo general se usa el doble en agua del peso de los huesos.

  A partir de agua fría se acelera la extracción. A partir de agua caliente la retrasa porque sella la carne y muchas proteínas son solubles en agua fría, pero no en caliente.

- Llevar el agua a ebullición (100 °C) y luego reducir a fuego bajo (estado simmer 80 °C - 85 °C). No se debe mantener en estado de hervor porque hace la acción de nublado al romper sólidos en pequeñas partículas que se mezclan en el líquido.

- Ir retirando las impurezas que salen a la superficie. Limpiar impurezas es importante para una acción clara, porque las impurezas son grasas y proteínas coaguladas) y se vuelven a mezclar con el líquido.

- Agregar el mirepoix: este se debe colocar desde el principio, para extraer al máximo sus nutrientes y aromas

- Desgrasar y limpiar la superficie tan a menudo como sea necesario durante la cocción.

- Mantener el nivel de agua por encima de los huesos. Se debe agregar más agua si la acción se reduce por debajo de este nivel. Los huesos cocidos mientras se exponen al aire se hacen más oscuros y así oscurecen el fondo. Además, no liberan el sabor en el agua, si el agua no los toca.

- El bouquet garni, se coloca 25 minutos antes de terminar, para que la cocción prolongada no elimine por completo los aromas y nutrientes.

- Cocinar a fuego bajo por el tiempo recomendado:
    Huesos de res 1.5 a 2 horas por kilo
    Huesos de pollo 1 a 2 horas
    Huesos de ternera 1.5 a 2 horas

- Enfriar el fondo tan rápidamente como sea posible. Se puede levantar la olla para que se ventile, también se permite sumergir la olla en agua fría, para que fluya bajo la olla agua fría, así como a su alrededor.

- Mover la olla de vez en cuando para que todo el fondo se enfríe uniformemente. El enfriamiento del fondo de forma rápida y adecuada es importante. Refrigerarla inadecuadamente lo puede dañar en 6 o 8 horas, porque es un buen caldo de cultivo para las bacterias que causan enfermedades transmitidas por los alimentos y su deterioro.

- No introducir el fondo caliente en refrigeración. Cuando esté frío, refrigerar el fondo en un recipiente tapado. El fondo se mantendrá entre 2 y 3 días si está debidamente refrigerado. El fondo también puede ser congelado y mantenerse durante varios meses.

FONDO OSCURO.

- Cortar los huesos en trozos.

- No lavar ni blanquear los huesos. La humedad obstaculizaría el que se oscurezca.

- Colocar los huesos en una bandeja para asar en el horno caliente al 190 ° C, o más. Los huesos deben quedar bien dorados. Esto toma más de 1 hora. Ayuda colocar un poco de harina espolvoreada a los huesos antes de dorar. Los huesos se colocan con una parte del mirepoix en la bandeja para hornear para dorar los vegetales en el horno

- Cuando los huesos están bien dorados, retirar de la bandeja y colocarlos en una olla. Se debe cuidar que estén bien dorados, pero no quemados, ya que aportaría un sabor amargo a las salsas.

- Cubrir con agua fría y llevar a fuego bajo, esperar que hierva y bajar la temperatura. No se debe permitir que se mantenga el punto de ebullición. bajar a fuego simmer

- Escurrir y reservar la grasa de la bandeja.
- Desglasar la sartén añadiendo agua o vino y raspar hasta que todos los residuos de carne y vegetales, sean disueltos o aflojado. Añadir a la olla.

- Agregar la pasta de tomate y la otra parte de mirepoix. Continuar hasta que la pasta de tomate se torne de color marrón oxido.

- Cuando tome temperatura se debe ir quitando las impurezas y desde aquí, el procedimiento es igual que para el fondo blanco.

● FUMET (FONDO DE PESCADO)

Es un fondo básico de pescado enriquecido con un mirepoix. Se realiza con cabezas y espinazo de pescados blancos

La cocción es de un máximo de 25 minutos y se puede hacer de un solo pescado o de varios, pero generalmente utilizando pescados blancos que transmitan un sabor suave para que el fumet acompañe de manera equilibrada al plato final.

Es muy importante que lo usado para hacer el fondo, esté bien limpio de sangre y agallas, etc., porque podría enturbiar el fondo y producir sabores   desagradables.

El fumet no debería llevar vegetales que le aporten color fuerte (Zanahorias, pimientos, etc.)

El fumet es muy versátil, con él se puede elaborar sopas, arroces, suquets e incluso salsas.

- Sudar el espinazo antes de colocar el agua, para la elaboración del fumet.

- El bouquet se coloca desde que se inicia la cocción del fumet, por el corto tiempo de cocción del mismo.

FONDO DE VEGETALES

- Se puede realizar con diferentes vegetales, de acuerdo para qué se va a necesitar, (zanahorias, pies de champiñón, cebollas, ajo porro, etc).

Por ejemplo necesito un fondo de vegetales para realizar un risotto fungi, utilizo pie de champiñón, pero si necesito para preparar una crema de ajo porro, se puede usar las hojas del ajo porro.

- No se deben usar vegetales ricos en azufre como las coles, coliflor, brócoli, etc.

- Se usa para elaborar salsas, arroces y guisos tradicionales.

- Se puede congelar, por un tiempo.

ESPESANTES Y LIGAZONES

Los espesantes en la cocina son preparaciones auxiliares, que ayudan a resolver cualquier accidente, falla o imprevisto que pueda ocurrir en la elaboración de un plato o simplemente como base para preparaciones que necesiten de estos elementos para lograr una textura mas densa, mas espesa. Los espesantes, al ser añadidos a la preparación y entrar en contacto con las sustancias que la componen, la hacen mucho más densa sin modificar en exceso el sabor final.

Los espesantes se pueden añadir durante o después de la cocción, dependiendo del tipo de salsa, guiso o crema que se está trabajando.

En cocina se usan igual de frecuente los espesantes del tipo casero y los del tipo industrial.

Los espesantes caseros se dividen en dos grandes grupos:

- Los procedentes de los almidones y
- Los procedentes de las proteínas.

Los procedentes de los almidones, basan su función, en que al entrar en contacto con el líquido caliente se transforman, debido a sus propiedades de gelificar, lo que aporta espesor a las preparaciones. En esta categoría se encuentra los que proceden de la familia de los cereales como: el arroz, avena, maíz, pero también la harina de diferentes cereales, papas, pan entre otros. Aquí también están incluidos los Roux y la Beurre Manié la cual sera explicada más adelante.

Los espesantes de naturaleza proteica, son principalmente gelatinas, yema de huevo, sangre, cremas lácteas, etc.

Espesantes y ligazones más frecuentemente usados en cocina:

- Harina:

La harina de trigo se utiliza como espesante en salsas tradicionales, hoy en día, se está utilizando menos para dar densidad a los platos. Sin embargo, todavía es muy utilizada la harina de trigo para espesar con los roux.

- Féculas:

La fécula de maíz es frecuentemente empleada en cocina para ligar salsas ligeras. Para su empleo correcto se debe disolver la cantidad necesaria en una pequeña parte de líquido frío para añadir luego cuando la salsa o crema esté hirviendo, batiendo seguidamente para que se cocine sin dejar grumos y de la consistencia deseada a la preparación.

Da a las cremas y salsas un aspecto traslúcido por lo que se emplea frecuentemente en pastelería y repostería.

- Fécula de arroz: Espesante natural que se emplea de dos maneras:

* Entero: se usa unos 40 gramos por litro de líquido a espesar. Dejar cocinando durante veinte minutos y apagar, si se formaran grumos se procesa para obtener una salsa más densa y aterciopelada.

* En forma de harina: en este caso se utiliza igual que la harina de maíz. El arroz se emplea para espesar principalmente salsas y cremas lisas.

- Papas:

En forma de fécula, o en copos deshidratados. Es un espesante y estabilizante natural muy utilizando en la industria alimentaria, tanto para alimentos dulces como salados.

Se añade al líquido hirviendo y se deja reposar. El almidón de la papa produce un proceso de gelificación que ayuda a dar mas cuerpo y textura a las salsa o cremas.

- Pan:

Se puede emplear como espesante de dos maneras; Rallado y entero. Es usado como espesante y como elemento de ligue de ingredientes sólidos como las carnes previamente procesadas o molidas para hamburguesas, albóndigas, pasteles, etc. Se emplea también para espesar farsas y salsas, como el gazpacho, guisos, etc.

- Pectina:

Se emplea principalmente para espesar preparaciones dulces como confituras o mermeladas.

- Yema de huevo:

La yema de huevo está compuesta por un fosfolípido llamado lecitina. Esta molécula tiene una parte hidrofílica y otra hidrofóbica. Ésta última es la que se adhiere a los componentes de base oleosa, mientras que la primera prefiere unirse a las moléculas acuosas. Esto asegura una unión permanente entre los dos tipos de componentes.

Se emplea de dos maneras:
- Cruda: para espesar y amalgamar, Como emulsionante, cuando se liga el aceite, un ejemplo típico sería la salsa mayonesa.

- Cocida: por su propiedad coagulante, para espesar vinagretas, consomés o potajes.

- Kuzu:

De origen asiático, es una planta cuya raíz proporciona un almidón empleado como espesante de salsas, purés y sopas. Se emplea a la hora de cocinar como la fécula de maíz, pero sin grumos y se obtiene una mezcla transparente y gelatinosa.

- Agar agar:

Gelatina de origen vegetal, proviene de un alga. El agar tiene un gran poder gelificante, con cantidades del menos del 1% de materia sólida se obtiene un gel muy resistente; Los geles de agar son transparentes, duros y quebradizos, Esta propiedad lo diferencia de los otros geles de polisacáridos, que son elásticos y pegajosos. El gel de agar se forma, según el tipo concreto a una temperatura de alrededor entre 30 ºC y 40 ºC, y para convertir de nuevo en líquido hay que calentar entre 75 ºC y 90ºC.

- Crema de leche o nata:

Se emplea reduciendo al fuego la nata hasta encontrar el punto justo de espesor y se añade a la salsa o crema. Muy empleado en cremas de vegetales y salsas tanto dulces como saladas.

- Roux

Es una preparación culinaria empleada para espesar salsas, sopas, cremas y algunos guisos. Son uno de los auxiliares más usados en la cocina actual. Se suele realizar con mantequilla, pero también se puede hacer con aceite, margarina o manteca, o una mezcla de estas grasas. La proporción es la misma cantidad de grasa que de harina. Se debe iniciar fundiendo la mantequilla y si se trabaja con grasa fundida solo se debe esperar que caliente, luego se incorpora la harina previamente tamizada, toda la cantidad de un solo golpe, la cocción debe realizarse a fuego bajo, y mezclar constantemente para evitar la formación de grumos hasta que se amalgaman los dos ingredientes. La harina se agrega cuando la temperatura de la grasa esté a los 80 °C aproximadamente, y una vez ligados los ingredientes, se lleva a ebullición. Así, se evita la formación de grumos.

Existen tres tipos de roux

•	Roux Claro: Ideal para ligar fondos de cocción y sirve como base de salsas. La preparación es la básica, explicada anteriormente, es muy importante no dejar tostar la harina, es decir, no se debe dejar que tome color. Se usa principalmente en bechamel y salsa veloutee

•	Roux Rubio: Se utiliza para elaborar salsas blancas en general. Para obtener el color rubio se debe tostar la harina solo un poco antes de unir con la mantequilla. Luego se utiliza el mismo procedimiento anterior permitiendo la cocción a fuego bajo hasta lograr que adquiera un color de avellana pálido.

•	Roux Oscuro o Tostado: Se aplica en salsas oscuras, se emplea en la preparación de salsas derivadas de los fondos de carne. Tostar la harina hasta obtener un tono de color avellana oscuro, no dejar de remover para ayudar a un tostado parejo y evitar que se queme, y luego proceder como el roux claro.

Los roux se utilizan para preparar salsas en una proporción de:

◆ 100 gramos de roux por litro de líquido, si se desea una salsa ligera.

◆ Entre 140 y 150 gramos de roux por litro de líquido para una salsa con densidad.

◆ Entre 150 y 200 gramos, de roux por litro de líquido, para una salsa espesa.

Cuando se desea aumentar la proporción de roux, se va añadiendo poco a poco hasta llegar a la consistencia deseada.

Al incorporar el roux en la salsa, se debe cocinar por un tiempo mínimo para que la textura de la salsa continúe siendo óptima, aproximadamente unos 12 minutos y jamás debe llevar una cocción de más de 30 minutos.

Los roux se pueden tener preparados, y conservar varios días en la nevera e ir utilizándola según se necesite.

• Slurry

Mezcla de almidón (Fécula), crudo y en liquido frío (leche, fondo o agua), para diluir y no se haga grumos. Se realiza en una proporción de 5 gramos de fécula x 250 ml de líquido.

Su función es espesar salsas, cremas y/o veloutes .

SALSAS

Son preparaciones semilíquidas, de textura suave, consistencia cremosa y se usan para:

• Aportar volumen al plato

- Ayudar a la estética del plato
- Complementar sabores

Las salsas son el toque casi que mágico que ayuda a transformar un plato sencillo y sin gracia en algo sublime, elegante y exótico. Hay salsa rápidas y sencillas, pero también hay salsa muy elaboradas y complejas que unidos entre si concentran todo un universo de sabores.

Las salsas han evolucionado, a lo largo de los años, pero fue durante los siglos XVII y XVIII, en Francia donde cocineros de los nobles como Vatel, François Pierre de la Varenne, Carême, Pierre de Lune, Beauvilliers y los mismos nobles como Luis XIV, competían en la creación culinaria que ya entonces estaba reconocida como un arte. Así se hace referencia al Marqués de Bechamel inmortalizado gracias a la exquisita salsa blanca que hoy en día a menudo se usa en la cocina, pero por ser tan conocida a veces llega deformada y desvirtuada.

De esa época proceden muchas salsas llamadas "madres" que han dado origen a multitud de preparaciones.

En la mayor parte de las salsas las especias y hierbas aromáticas son elementos fundamentales.

Las salsas más comunes son mezclas de ingredientes crudos o cocidos. Muchas de estas salsas no necesitan cocción. Otras salsas son el resultado de majar frutos secos y diversos ingredientes sólidos que luego se ligan con aceite de oliva, maíz, sésamo etc.

Cada país tiene su propia cocina y sus características individuales, pero es conocido por todos que la cocina francesa fue quien marcó la pauta de un nuevo estilo, de un nuevo camino por donde siguió el resto del mundo, para llegar a lo que ahora es la cocina internacional.

Componentes de las Salsas:

- Fondos: Constituyen la parte líquida de las salsas y están presentes en todas ellas.

- Liazones o ligazones: Son los elementos que dan cuerpo y consistencia a las salsas.

- Componentes aromáticos: Son los que mejoran, resaltan, modifican y/o dan un sabor característico a las salsas.

Clasificación de las Salsas

Desde la época medieval, la cocina francesa popularizo el uso de salsas, en el siglo XIX el chef Antonin Carême clasificó las salsas madres en cuatro tipos, pero con el tiempo esta división fue actualizada por el chef Auguste Escoffier

Existen principalmente 6 salsas en la cocina profesional, las cuales se denominan como Salsas Madres

Las Salsas Madres son: española, Veloute, Bechamel, mahonesa, holandesa y Pomodoro. A partir de estas salsas bases, con tan solo agregar un factor aromatizante o que resalte su sabor se les transforma, en otras; las cuales son denominadas, salsas derivadas.

Las salsas se clasifican en según la base de preparación en:

- Salsas De Base Fondo:

Estas salsas pueden ser:
- Oscuras.
- Blancas.

Para realizar una salsa se debe espesar el fondo usando algún método de "ligazón", cuidando que quede de una textura aterciopelada, untuosa y lisa que sirva para napar las superficies dejando una cobertura fina y delicada.

La consistencia de la salsa dependerá de:
- La cantidad del ingrediente espesante que se agrega al líquido.
- La temperatura de la preparación, ya que a medida que enfrían, endurecen.
- La naturaleza del ingrediente espesante (almidones de maíz, de papa, etc.)

- Salsas Oscuras:

Son de color marrón, de sabor intenso y fuerte (por el tostado de los huesos del fondo y/o del roux). Las Salsas Oscuras se elaboran a partir de fondos oscuros, que una vez finalizados se los espesa con roux oscuro o beurre manié. Los ejemplos más clásicos son: la salsa demi-glace y la salsa española, ambas se emplean indistintamente para elaborar una infinidad de salsas derivadas oscuras.

Las Salsa Madre de esta clasificación es:

- Salsa Española (de la que deriva la salsa demi-glace), que es una de las mas empleadas en la alta cocina.

- Salsas Blancas:

Son salsas en base blanca, como leche, fondo de aves, fumet y un roux, que da origen a una bechamel o a una velouté y su sabor depende del líquido agregado de base o fondo. Las especias solo deben perfumar el aroma de base, nunca debe sobrepasar.

Las Madres de esta clasificación son:

- Veloutée: Roux claro + Fondo
- Bechamel: Roux Claro + Leche

- Salsas Con Base de Mantequilla:

Lleva como ingrediente base la mantequilla clarificada, la cual forma el soluto de la emulsión y el solvente es la yema de huevo, cuya propiedad es atrapar minúsculas gotas de grasa.

Se realizan a Baño de María, para evitar la cocción del huevo y se debe elaborar con mucho cuidado, cuidando no superar las temperaturas de coagulación de las proteínas del huevo (entre 63º y 65º), ya que es muy fácil que se cocine el huevo y se daña totalmente la preparación.

Tiene un alto contenido calórico, por lo tanto, se acostumbra emplear para acompañar preparaciones magras (poché , grillados) y vegetales al vapor o a baño de María.

La Salsa Madre de esta clasificación es:

- La salsa holandesa.

- Salsas Con Base de Aceite:

Son salsas emulsionadas, que se realizan con una mezcla de huevos y aceite, las cuales se deben batir de manera continua, para que se produzca la emulsión.

Las salsas emulsionadas son inestables. No mantienen la textura a lo largo del tiempo y los componentes inmiscibles tienden a separarse.

La Salsa Madre de esta clasificación es:

La Mahonesa

- Salsas Con Base De Tomates

Es una de las salsas más versátil de la cocina. Es una de las salsas madres con más variantes. La misma se realiza a fuego muy bajo.

Se puede procesar hasta puré y afinar o simplemente se deja con esa textura rustica. Esta salsa se puede utilizar para napar cualquier tipo de pasta italiana y para aderezar vegetales y carnes.

Para la preparación de esta salsa se debe tener en cuenta:

- Hervir a fuego muy bajo
- Hacer un puré con los tomates
- Se debe usar un acidulante, para neutralizar la acidez del tomate
- Colocar los ingredientes delicadamente
- Usar un espesante, (harina, fécula, etc.), para dar textura.

Los acidulantes (modificador de la viscosidad o de la acidez) empleados pueden ser: Apio, zanahorias o azúcar

La Salsa madre de esta categoría es:
Salsa de tomate o pomodoro

MÉTODOS DE COCCIÓN

Cuando se habla de cocción, se debe hablar es de transmisión de calor, para lograr la transformación de los alimentos en algo más sano, sustancioso y con más sabor. Es allí donde el profesional gastronómico hace gala de sus conocimientos y experiencia, para poder interpretar, modelar y definir el método o técnica de cocción que se debe aplicar a cada alimento, Esta experiencia y conocimiento es lo que lo va llevar a lograr ese punto especifico de calor, para poder llegar a esas creaciones artísticas, totalmente equilibradas en sabor, aromas y texturas.

Un cocinero profesional debe saber:

- Interpretar, Conocer y Analizar: Las diferentes temperaturas de acuerdo a cada alimento desde el punto de vista culinario.
- Aplicar las técnicas adecuadas en las distintas opciones para producir el cambio con el proceso de la cocción.
- Identificar un organigrama de temperaturas y tipos de cocción para aplicar a cada alimento o preparación.
- Analizar y comprender las nuevas tendencias de la cocina y sus efectos en la alimentación humana.

Antes de hablar de los métodos de cocción se deben definir dos términos muy importantes y que se prestan a confusión como son el calor y la temperatura.

Calor: Energía que se manifiesta por un aumento de temperatura y procede de la transformación de otras energías; es originada por los movimientos vibratorios de los átomos y las moléculas que forman los cuerpos.

Temperatura: Grado o nivel térmico de un cuerpo o de la atmósfera.

Los métodos de cocción se clasifican según: El Medio por el que se transmite el calor, El Tipo de Cocción que lleva el alimento y Las principales técnicas empleadas.

- El Medio por el que se transmite el calor.

Por medio de esta clasificación se toma en cuenta si se debe añadir o no, líquido para poder realizar este proceso.

Se divide en:

• Cocción En Medio Seco: El alimento sufre la perdida de agua por medio de la evaporación al someterse a temperaturas elevadas, la cual intensifica los sabores, o incluso la deshidratación del alimento, lo que permite obtener texturas crocantes. Aquí se incluye en algunas literaturas la cocción en medio graso y otras literaturas prefieren darle un puesto aparte.

Cocción en medio seco se puede realizar por la trasmisión de calor a través de:

- Aire Caliente
- Llama Abierta
- Incineración

• Cocción En Medio Húmedo o Líquido: Con este método el alimento conserva su contenido de agua, debido a que las técnicas se realizan sumergiendo el producto o agregándole líquidos acuosos, o por medio del contacto con vapor de agua. Si la cocción se realiza por lapsos prolongados se producirá una expansión total o parcial, en cambio si se realiza por lapsos cortos a partir de líquidos en ebullición, se obtiene un resultado por concentración parcial.

El Mecanismo por el que se transmite el calor:

Se divide en:

◆ Cocción por Conducción: Se produce cuando el calor o agitación es transmitido de molécula a molécula. Es usado solo con alimentos sólidos, donde las moléculas no tienen posibilidad de desplazarse. Es una forma lenta de transmisión del calor. Los metales son los mejores conductores para este fin. Aquí vemos una transmisión directa del calor al alimento desde la fuente de cocción.

◆ Cocción por Convección: Se produce cuando el calor se trasmite a través de un medio fluido (agua, aire, grasas). Cuando este se calienta fluye hacia arriba por la disminución de la densidad. La fase fría se dirige al fondo del recipiente y de esta forma se generan las corrientes de convección.

◆ Cocción por Radiación: Se produce debido a la radiación electromagnética para producir calor, que se transmite en forma de ondas. La radiación es un método rápido de calentamiento, ya que la energía radiante viaja con la velocidad de la luz. Los Rayo se transmiten en línea recta, pero se repliegan como un abanico desde la fuente.
La cocción por radiación, dependiendo de la fuente de energía pueden ser:

◆ Radiaciones no ionizantes: Se utilizan para generar calor

1) Infrarrojas: Esta radiación se desprende de la llama producida por combustión de gas carbón o leña, provoca una cierta vibración de los enlaces moleculares, esto aumenta la temperatura, pero su pobre penetración se limita solo a la superficie y luego se transmite por conducción a través del alimento.

2) Microondas: Estas radiaciones tienen mayor penetración que las infrarrojas y aportan energía a la masa ya que su absorción por parte de las moléculas de agua se debe a que estas rotan por su propiedad bipolar.

3) Eléctricas: Se producen por el paso de una corriente a baja frecuencia a través de un material conductor, se utiliza como energía térmica ya que tiene una buena penetración en los alimentos, los cuales deben contener agua en su composición para permitir el paso de las radiaciones.

◆ Radiaciones Ionizantes: Se producen a través de reacciones nucleares y se emplean para esterilizar o inhibir la germinación bacteriana, aumentando la vida útil sin elevar la temperatura.

● El Tipo de Cocción que lleva el alimento:

● Cocción por Expansión: Se debe hacer a partir de frío, para que el ascenso progresivo de la temperatura dentro de un medio líquido compuesto en su mayoría por agua hace que el alimento se expanda (poros y fibras se abran) permitiendo la penetración del líquido que favorece que el alimento quede tierno y alcance su cocción interna. A su vez, el alimento a medida que aumenta la temperatura libera sus propiedades (aromáticas, saborizantes y nutritivas) en el líquido.

● Cocción por Concentración: Se realiza a partir de una fuente a altas temperatura La brusca exposición del alimento al calor provoca la coagulación parcial o total de las proteínas, la caramelización de los azúcares generando la reacción de Maillard. Las propiedad del alimento se preservan en su mayoría en el interior del mismo, por lo que al formarse la costra crocante se disminuye la perdida de jugos y estos se concentran obteniendo una preparación más jugosa.

- Cocción Mixta: Se forma una costra crocante primero en el alimento por medio de un sellado y luego se lleva a cocción por expansión, logrando controlar la cantidad de líquidos y nutrientes internos del alimento que va a salir del mismo.

Las principales técnicas empleadas son:

1. Blanquear

- Método de cocción por Expansión / Concentración / Húmeda.
- Las temperaturas van desde temperatura ambiente hasta los 120 ºC.
- Se debe realizar sin tapar.
- Se puede partir desde agua fría (para extraer grasas e impurezas no   deseadas) o en punto de ebullición para concentrar las propiedades del producto.
- Se puede utilizar como técnica de cocción completa, como es el caso de las verduras de hoja o piezas muy pequeñas, en donde el breve tiempo   de   cocción   será suficiente o como método de cocción parcial, en el caso de vegetales duros, en donde el alimento recibe una precocción para   luego someterse a una cocción definitiva.
- Esta técnica permite un perfecto almacenamiento en refrigeración o   congelación.
- Puede ser realizada con aceite.

La técnica consiste en sumergir pequeñas porciones de alimento (en relación de 10 partes de líquido por 1 de producto) por breves lapsos y seguidamente introducir en agua con hielo para detener la cocción.

En el caso del blanqueado en aceite, la temperatura será de 100 ºC a 140 ºC dependiendo del alimento y su tamaño, no se debe aumentar la temperatura porque se realizaría una fritura.

La cocción a la Inglesa consiste en blanquear con agua hirviendo a la cual se le agrega sal (20 gramos x litro de agua)

2. Hervir

- Método de cocción por Expansión / Húmeda
- Las temperaturas van desde temperatura ambiente a 100 ºC
- Se realiza con líquido sobre hornilla, manteniendo la proporción de 1 parte de materia prima por 10 de líquido.
- Se realiza tapada, para conservar los sabores, nutrientes y para alcanzar en menos tiempo el punto de ebullición; o sin tapar para vigilar la cocción, espumar impurezas y evitar los grumos en el caso del uso de almidones.
- Se busca la cocción completa del producto.

Hay dos maneras de hervir dependiendo de la temperatura inicial del agua:

- Fría: para extraer sabores, el agua relaja los poros del producto, permitiendo la penetración de la misma, y así lograr la transmisión de propiedades al líquido (si se preserva la cáscara o se envuelve los alimentos con aislantes, será una cocción por concentración

- A punto de ebullición: para cocinar por completo manteniendo la mayor cantidad de nutrientes y sabores posibles.

3. Vapor

- Método de cocción por Expansión / Húmeda / Concentración.
- Las temperaturas van desde 100 ºC a 120 ºC.
- Es el método de cocción ideal desde el punto de vista nutricional, ya que   no interviene materia grasa ni se pierden tantos nutrientes.
- Se cocina sin movimiento alguno.
- El alimento no debe tener contacto en ningún momento con el medio líquido.

Existen tres tipos de cocción al vapor:

◆ Vapor Seco Con Alta Presión: el vapor se forma en generadores y se liberan dentro de un ambiente seco, penetrando en forma seca en el recipiente con el alimento debido a la alta presión. Es el caso del autoclave u hornos con vaporizador. La temperatura del vapor puede superar los 120 ºC.

◆ Vapor Húmedo Con Baja Presión: el vapor se forma en presencia del alimento, el cual se coloca en una placa perforada con agua por debajo de la misma, el vapor se eleva, genera presión. A mayor vapor, mayor la presión, a mayor presión, mayor cocción. Es el caso de la olla a presión. La temperatura del vapor supera los 100º C.

◆ Vapor Húmedo Sin Presión: se realiza en un recipiente perforado con tapa, dentro de otro recipiente con el líquido, el vapor húmedo escapa por lo   tanto   no   existen presión alguna. Es el caso de las vaporeras. El vapor llega al alimento con una temperatura inferior a los 100 ºC debido a la ausencia de presión y la iguala con la temperatura del ambiente.

4. Pochar

- Método de cocción por Expansión / Húmeda / Concentración.
- Los alimentos se cocinan sin tapar.
- Los alimentos se cocinan con un líquido a temperaturas constante de entre 65° y 85 °C .
- Se realiza una cocción prolongada a baja temperatura, para evitar el deterioro del alimento por causa del movimiento del hervor o exceso de calor.

El poché o pochado deriva en 4 submétodos:

◆   Directos (Húmedos)

◆   Con poco líquido: Se realiza en horno moderado a 160 °C, u hornilla de   manera que el líquido se mantiene por debajo de los 85 °C. De no ser   así, el alimento se seca en la superficie y se deshace por dentro, debido a que el agua hierve y se evapora en exceso. Es una cocción   suave y uniforme. El nivel del líquido no debe de superar 1/3 del volumen del alimento.

◆   Con mucho líquido: Se trabaja sobre hornilla, el líquido no debe hervir y la relación líquido-alimento debe ser de 10 a 1. En algunos casos se   remplaza una parte de líquido por un medio ácido para facilitar la desnaturalización de proteínas. Se puede realizar a partir de partir agua   fría o caliente.

◆   Indirectos (Secos)

Baño María con movimiento: Se realiza batiendo el producto en un recipiente, dentro de una olla más grande, sobre hornilla, con agua que no debe hervir. Se cocina asegurando en todo momento una temperatura constante y pareja.

Baño María sin movimiento: Se coloca un primer molde, conteniendo la preparación dentro de un segundo recipiente con agua. La temperatura del horno sebe ser moderada y el líquido debe cubrir la mitad del volumen del recipiente que contiene la preparación.

5. Freír

- Método de cocción por Concentración / Seca.
- Las temperaturas van desde 150 ºC a 200 ºC .
- Freír en pequeñas cantidades para evitar el descenso de la temperatura.
- Al emplear esta técnica se debe evitar el punto de humo, esto sucede cuando la temperatura es muy alta, se da un proceso químico en el cual se descomponen los ácidos grasos, a partir de esa descomposición, la materia grasa olerá mal y se enturbiará. También a este punto surge el   punto de ignición, donde el aceite hace combustión y puede producir   accidentes.
- Con esta técnica los alimentos se deben sumergir en materia grasa, la cual oscila entre los 150º y los 200º (dependiendo del tipo de materia grasa a usar y el tipo de fritura a realizar). Los alimentos se deshidratan superficialmente y quedan crocantes por fuera y tiernos por dentro. Se debe realizar en una proporción de 10 partes de materia grasa a 1 de alimento.

El mecanismo de fritura es bastante simple: el aceite sirve como medio de intercambio de calor que se transfiere al alimento. El calor funde la grasa y convierte el agua del alimento en vapor. Este vapor se desplaza del interior al exterior del alimento y finalmente al aceite.

Este método a su vez se divide de en:

◆ Fritura por Inmersión: también llamada fritura profunda o gran fritura, que consiste en cocinar un alimento sumergiendo totalmente en una grasa caliente, por lo general aceite. Las temperaturas van de los 170 ºC a 190 ºC.

◆ Fritura Ligera o fritura Liviana: El alimento no queda sumergido totalmente en la materia grasa.

Puntos a tener en cuenta:

- Mantener el aceite al apartado de los rayos del sol.
- Utilizar distintos aceites según su uso.
- La materia grasa no debe tener contacto con la sal.
- La materia prima debe estar seca y a temperatura ambiente o máxima de refrigeración.
- En el caso de los rebozados evitar los excesos.
- Evitar remover el aceite mientras se fríe el alimento ya que contribuye a que se forme espuma y el aceite pierde sus cualidades.
- La materia grasa no puede estar muy caliente, ya que el alimento se "arrebataría", es decir se quema por fuera, pero queda crudo por dentro. Pero tampoco puede estar el aceite con menos calor del necesario porque en este caso el producto, absorbe grasa y se conoce como "enchumbar"

Puntos de Humo de algunas grasas:

Grasa	Punto de humo	
Manteca clarificada	165 °C	175 °C
Aceite de maíz	150 °C	160 °C
Aceite de maíz refinado	200 °C	220 °C
Aceite de girasol refinado	200 °C	220 °C
Aceite de oliva virgen	190 °C	210 °C
Grasa de cerdo	175 °C	185 °C

6. Saltear

- Método de cocción por Concentración / Seca.
- Las temperaturas van desde 170 °C a 200 °C.
- Se realiza siempre sin tapar.
- Se usa poca materia grasa adicional.
- Se usa para cocciones cortas (vegetales blandos, mariscos, pequeñas piezasde carne de primera calidad) o precocción en el caso de las carnes.
- Se debe trabajar con pocas cantidades de alimento, ya que el exceso produce la perdida de calor.
- Se debe sazonar segundos antes de terminar la cocción para no deshidratar el producto.

7. Grillar

- Método de cocción por Concentración / Seca.
- Las temperaturas van desde 150 °C a 200 °C.

- Se realiza sobre parrilla o grilla, donde la fuente de calor proviene generalmente de abajo.

- La cocción debe comenzar con una temperatura alta 200 °C, para lograr el sellado de las piezas, para luego terminarlas con una temperatura moderada 150 °C. Las temperaturas se tienen que adaptar al tamaño del alimento y los tejidos que esté presente tanto en su interior como exterior (grasa, cuero, huesos).

  Las fuentes de calor varían entre gas, electricidad o carbón.

8. Gratinar

- Método de cocción por Concentración / Seca.
- Las temperaturas van desde 250 °C a 300 °C.
- La fuente de calor debe estar ubicada por encima del alimento (salamandra, carlitera u horno de convección).
- Se usa por lo general como un método de postcocción, es decir, para regenerar los alimentos o para finalizar su cocción. En muy pocos casos se utiliza para una cocción completa, únicamente en piezas muy pequeñas.
- Se suelen utilizar productos adicionales para mejorar y proteger al alimento principal, como grasas, mantequillas, quesos, crema, huevo, pan rallado, etc.

9. Hornear

- Método de cocción por Concentración / Seca.
- Las temperaturas van desde 160 °C a 220 °C.
- Este método se realiza en hornos (convencionales, convectores o de barro).
- No se debe agregar materias grasas ni líquidos adicionales.
- Se trabaja con moldes o placas que contengan la preparación o directamente sobre el piso del horno.

- Es el método más utilizado en panadería y pastelería.

10. Asar en horno (Roast)

- Método de cocción por Concentración / Seca.
- Las temperaturas van desde 180 ºC a 240 ºC.
- Se utiliza aire caliente para su realización, igual que el horneado, para la cocción de las preparaciones.
- Por lo general se trabaja con materia grasa, fondos, guarniciones aromáticas, jugos o alcoholes adicionales. Las altas temperaturas generan el efecto Maillard sobre los alimentos, mejorando su aspecto y su sabor.
- La técnica es ideal para la cocción de una gran variedad de productos cárnicos y vegetales.
- Se puede aplicar por lapsos cortos para piezas pequeñas o por lapsos prolongados para piezas grandes.

11. Poeler

- Método de cocción por Concentración / Seca.
- Las temperaturas van desde 140 ºC a 200 ºC.
- Es el método ideal para piezas de aves jóvenes enteras.
- Se realiza en sartén u horno .
- Se debe tapar.
- Se debe agregar materia grasa adicional
- La temperatura se debe variar entre los 140 ºC a 160 ºC, para que la pieza se cocine lentamente con sus propios jugos
- La pieza de alimento debe ser rociada cada cierto tiempo, para mantener las carnes húmedas.

- Muchas veces se pueden albardar las carnes.
- Para finalizar la cocción se debe aumentar la temperatura hasta 200 °C y se destapa para que tome el color dorado uniforme sobre la pieza.

Métodos Mixtos o Combinados

Estos métodos son una combinación de un proceso de cocción seco seguido de uno húmedo. Primero se sella el alimento donde se produce la concentración, para luego incluir la humedad mediante un líquido, donde se produce la expansión.

1 . Brasear

Esta técnica de cocción se aplica sobre todo a piezas de carnes grandes provenientes de animales adultos, a cortes con mucho tejido conectivo o a legumbres secas.

Consiste en cocinar toda una preparación dentro de un recipiente profundo (brasear) tapado, por un tiempo prolongado a una temperatura moderada.

Se comienza por el salteado de las piezas cárnicas y su guarnición aromática para resaltar los sabores, para luego incorporar un líquido (no deberá cubrir por completo la pieza principal) que ayudará a lograr una cocción por expansión. El método se suele comenzar a fuego directo y luego se continúa en horno moderado/alto. Como resultado se obtendrá un producto tierno y con mucho sabor, junto con sus guarniciones y su jugo o salsa (si se utiliza un líquido previamente ligado o se reduce hasta espesar).

2. Glasear

Se realiza sobre hornilla, con líquidos caramelizados (reducción, fondo, jugos, manteca, almíbar, caramelo) no solo con el fin de lograr la cocción del producto, sino también aportarle brillo, un ligero sabor dulce y mejorar su aspecto. Se comienza por sellar las piezas con materia grasa adicional por un breve lapso, luego se incorpora el líquido y se lleva a hervor para que comience a reducir, permitiendo el concentrado de azúcares que genera un almíbar.

3. Guisar

Se realiza sobre hornilla, primero se debe sellar la pieza, para luego incorporar líquido como fondos o salsas y continuar la cocción de manera húmeda a una temperatura baja de 90 °C. La cocción se debe hacer tapada, para controlar la acumulación excesiva de líquido o la evaporación total del mismo. El líquido no se debe reducir por completo, pero su volumen tampoco debe sobrepasar 1/3 del producto. Es un método lento y uniforme ideal para cortes de carne de tercera calidad muy tiernas, además de que el líquido queda muy con un sabor intenso.

●   Métodos de Vanguardia o Alternativos

1. Cocción al Vacío

Consiste en colocar el alimento en envases termo-resistentes, extrayendo el aire y cerrando para lograr un ambiente hermético. La cocción se realiza a temperaturas inferiores a los 100 °C dentro de un ambiente húmedo, con el agregado de líquidos o el propio del alimento.

Luego se procede a enfriar el producto rápidamente en cámaras o abatidores de temperatura.

Con este método, se obtiene una cocción suave y uniforme, que conserva todas las características organolépticas del producto, derivando en un método de conservación, ya que alarga la vida útil de los alimentos.

2. Deshidratación

Método empleado desde épocas remotas, en donde el producto se puede secar bajo el calor del sol, deshidratadores industriales y caseros reduciendo su contenido de agua y permitiendo su mejor conservación.

Hoy en día, se suele utilizar un horno frío que mantiene temperaturas que van desde 80 °C a 120 °C, por lapsos prolongados.

4. Confitura en grasa

Técnica también derivada de métodos de conservación de alimentos. El confitado en un principio era una técnica especifica de cocina referida en especial a carnes, pero hoy en día se elaboran confitados con pescados (salmón, atún y bacalao principalmente) y verduras y hortalizas.

Consiste en sumergir el alimento en materia grasa (mantequilla clarificada, aceite de oliva, manteca de cerdo, etc.) y llevar a una temperatura entre 60 °C y 90 °C, dependiendo del alimento, por un tiempo prolongado. Es una cocción delicada que puede aportar mucho sabor dependiendo del tipo de materia grasa que se utilice, además se pueden agregar otros productos que sirvan para aromatizar y dar sabor a la materia grasa y por ende el alimento. Es ideal para tiernizar cortes de carne de tercera calidad y hortalizas duras. Una vez finalizado el proceso de confitado, las piezas se conservan sumergidas en la materia grasa o se les aplica algún método seco de alta temperatura para su servicio.

5. Microondas

Consiste en aplicar radiación por microondas electromagnéticas, que generan fricción en las moléculas de los alimentos lo cual eleva la temperatura en todo el producto. La cocción es básicamente húmeda ya que no van más allá de los 100 °C.

6. Marinadas

Técnica mediante la cual se coloca un alimento sumergido con un líquido aromático durante un tiempo determinado (desde unos minutos hasta varias semanas), con el objeto de hacerlo más tierno (cuando se le agrega un ácido) o que llegue a estar más aromatizado y saborizado y prolongar su conservación.

Dependiendo del ingrediente líquido sobre el que se sumerja el marinado puede tener otros nombres más específicos, por ejemplo, si es inmerso en vinagre se denomina escabeche, si es en zumo de limón u otro medio ácido se denomina ceviche y si es en una mezcla de aceite con hierbas aromáticas y especias se denomina adobo

Las marinadas pueden ser:

- Cocidas: Se componen a base de mezclas de aceites y medios ácidos (en relación de 3 a 1), en donde se sumergen los alimentos acompañados por otros productos aromáticos y/o saborizantes (aceite, vino blanco o tinto, vinagre, zanahorias, cebollas, bouquet garní, chalotas, ajos, clavo de olor, sal y pimienta entera, etc.), para luego llevar todo esto a una cocción con calor. Se deben enfriar antes de usar y se suele usar para carnes de caza mayor y menor. Una ventaja de las marinadas cocidas es que las especias liberan más sabor aun y cuando la marinada se coloca en fuego.

- Crudas: Sus ingredientes suelen ser los mismos que el de marinada cocida Se suelen hacer a base de adobos para cubrir las piezas, luego se les envuelve y se mantienen en refrigeración hasta el momento de servir o para realizar su cocción con calor. Esta marinada como su nombre lo indica No requiere cocción solo mezclar bien los productos. Es la más utilizada cuando el alimento va estar por mucho tiempo en refrigeración

- Instantáneas: Se utiliza para marinar desde unos minutos hasta varias horas o toda la noche, pueden ser realizadas con productos comerciales los cuales se agregan y se emplean justa antes de realizar la cocción. Tienen como función suavizar y aromatizar ciertos alimentos en un periodo de corta duración, entre 20 minutos a 1 hora.

- Seca: También llamada masaje en seco, es una mezcla de sal, especias y hierbas que se frota o palmea en la superficie de carnes rojas, aves de corral o pescados. En algunos casos, un poco de aceite o un ingrediente húmedo, como el ajo majado, se mezcla con las especias para hacer una pasta. El ítem se refrigera a continuación, para permitir un tiempo para absorber los sabores. La mezcla se puede dejar en el ítem o se puede raspar antes de cocinar. Esta técnica es ampliamente utilizada para las carnes a la brasa. Marinadas secas son una manera eficaz de dar sabor a las carnes. Naturalmente, debido a que generalmente no contienen elementos ácidos, no se puede esperar que marinadas secas produzcan un ligero ablandamiento en los mismos.

La idea de marinar alimentos es para absorber un líquido sazonado con el fin de:

- Dar sabor a el alimento a preparar.
- Ablandar el alimento. El efecto de ablandamiento de los ácidos en la marinada es relativamente pequeño.
- Es esencial que coincida el corte adecuado de la carne con las técnicas de cocción adecuados para lograr un alimento más blando.
- La marinada también puede servir como el medio de cocción y convertirse en parte de la salsa.

Las Marinadas tienen tres categorías de ingredientes:

- Aceite. Ayuda a conservar la humedad de la carne. A veces se puede omitir, especialmente para marinados largos.

- El ácido (vinagre, jugo de limón o vino). Ayuda a ablandar los alimentos proteicos. Lleva sabores (propios y disueltos sabores de especias y hierbas). Se debe tener cuidado cuando se emplean ácidos fuertes, como el vinagre y el zumo de limón. La marinada que es demasiado ácida coagula parcialmente la proteína de la carne, lo que lo puede tener un efecto de cocción. Si se cocina la carne, su textura no será tan deseable. Los ácidos fuertes se pueden utilizar en los adobos si se utilizan en pequeñas cantidades o si la carne se marina sólo unas pocas horas.

- Aromatizantes: Las especias, hierbas frescas o verduras, se usan dependiendo del propósito. Las especias naturales liberan sus sabores más lentamente, por lo que son más adecuados por largos tiempos de marinado

ENHARINADO, EMPANADOS Y REBOZADOS

Empanado: Llamado también apanados; significa recubrir un producto con migas de pan u otras migas antes de una fritura profunda o salteado.

El método más ampliamente utilizado para la aplicación de estos recubrimientos es llamado el procedimiento estándar de empanado. Posee tres etapas las cuales son:

Harina: Ayuda a la fijación del empanado al producto.

Huevos: Mezcla de huevos y un líquido, generalmente agua o leche que se añade a la mezcla de huevo. Se usa como pega.

Migas de pan: Se combina con la mezcla de huevo para crear una capa crujiente y dorada cuando se fríe. El pan debe ser fino y seco, para obtener buenos resultados.

Procedimiento para realizar el empanado:

Mantener una mano seca durante el empanado: usar la mano derecha (si es diestro; si es zurdo, invierta el procedimiento) sólo para el manejo de la harina y migas y la otra mano para la manipulación del producto cuando está húmedo o con huevo.

Enharinar: Técnica que consiste en pasar un ingrediente por harina para después cocinar a la gran fritura. Para conseguir un buen resultado con esta técnica, es fundamental que el ingrediente que se va a enharinar esté seco para que la harina se adhiera bien y que, durante la fritura, el aceite esté a una temperatura elevada. Los pescados pequeños son perfectos para cocinar de esta forma.

Rebozar: Técnica que consiste en pasar un alimento, primero por harina y, después, por huevo batido para finalizar friéndose en aceite caliente. Muchas veces las piezas de carne o pescado se rebozan en un solo paso utilizando una mezcla de harina y huevo batido o de harina y otro ingrediente líquido, como cerveza, agua con gas, etc. Las piezas grandes de pescado son ideales para rebozar.

MANTEQUILLAS

El mundo de las mantequillas son uno de los más grandes auxiliares de la cocina, ya que los mismos pueden realzar sabores, pueden espesar o dar cuerpos a salsas que no logran su punto de primera cocción.

Entre las más conocidas y empleadas están:

Beurre Manié: Es una mezcla de harina y grasa, también por lo general mantequilla o margarina, de origen francés que sirve como un espesante rápido para salsas en caliente una vez que casi están finalizadas. Se amasa la harina en una proporción aproximada de un 20 % de la mezcla con la mantequilla hasta formar una bola.

Se utiliza colocando trozos pequeños a la salsa hirviendo, de manera que no se añade otro hasta que no se vea disuelto el anterior, dejando finalmente que se cocine la salsa unos minutos. Cuando se agrega en un líquido caliente o tibia, la mantequilla se funde, liberando las partículas de harina sin crear grumos.

Beurre Blanc: Es una salsa francesa creada en la región de Bretaña por lo que se conoce también como beurre nantais. Se trata de una salsa elaborada con mantequilla añadida a una reducción al 30 %, de vino blanco con chalottas.

Hay dos recetas básicas para la salsa de mantequilla blanca, la primera clásica y otra llamada "a la Nantaise":

2 chalotes medianas en brunoise fino
15 cc de vinagre de vino blanco
15 cc fumet
3 gramos pimienta en grano
125 gramos de mantequilla cortada en pequeños dados

Preparación:

Dejar los dados de mantequilla en el congelador, ya que tiene que estar tan fría como sea posible para asegurar que la salsa no se divida al final.

Cocinar los chalotes.

Colocar el fumet, la pimienta y el vinagre en una olla de fondo grueso. Reducir hasta la mitad.

Cuando la reducción esté lista, colocar la mezcla y la mantequilla, batir y dar consistencia cremosa, agregar sal y pimienta. Se puede enfriar de nuevo esta salsa o servir así mismo.

Beurre Noisette: Se refiere al olor y color que adquiere la mantequilla al calentar para derretir y clarificar. El nombre procede del aroma a avellana que se   desprende. La mantequilla se pasa un poco de su punto de fusión, hasta que la nata en la mantequilla se empieza a dorar, tomando el característico aroma a avellanas.

Esta mantequilla con sabor a avellana se puede usar como una alternativa a la mantequilla regular en una gran variedad de recetas.

Beurre Noir: También llamada mantequilla negra, va un paso más allá de la mantequilla noisette, el tiempo de cocción es más largo, la mantequilla negra se   cocina hasta que es de un color castaño oscuro, no llega a ser negra.

Para la elaboración de la mantequilla negra se debe cocinar en un sartén a fuego medio-bajo, dejar que la proteína del suero se separe, al quedar en la superficie se retira, y se continua la cocción a temperatura moderada hasta que adquiera el tono pardo o castaño deseado, fruto de la reacción de Maillard. Debe haber control en la elaboración de la beurre noir, pues la mantequilla es una materia grasa que no tolera altas temperaturas, según Harold McGee, en su libro La Cocina y los Alimentos, los sólidos de la leche se queman a partir de los 150 °C.

El uso más tradicional es el del napado de pescados.

Beurre Composé: Esta es una de las a herramientas culinarias que brinda las más infinitas posibilidades de personalizar los platos. La beurre compose deja abierta un mundo de posibilidades esenciales de la cocina, ya sea que se utilice en crudo o como acompañamiento.

Existen en el mundo recetas muy famosas la mantequilla de hierbas o mantequilla con chalotes rojos o mantequillas con el intenso aroma a mantequilla de caviar.

El sabor se lo da la combinación de hierbas o vegetales, que se prefiera para resaltar su sabor.

ACEITES Y VINAGRETAS

Vinagreta: es una preparación donde el ingrediente principal es el vinagre, cuyo origen tuvo lugar con el comienzo de la elaboración de bebidas alcohólicas, y se comenzó a emplear como conservante. Data sus primeras apariciones en el Imperio Romano, donde se comenzaron a realizar recetas y platos con vinagre.

El vinagre (del latín vinum acre, "vino agrio"), es un líquido miscible en agua, con sabor agrio, que proviene de la fermentación acética del vino y manzana (mediante las bacterias Mycoderma aceti). El vinagre contiene una concentración que va de 3% al 5% de ácido acético en agua. Los vinagres naturales también contienen pequeñas cantidades de ácido tartárico y ácido cítrico.

Las proporciones normales son siempre de 1 parte de vinagre por 3 – 4 partes de aceite. Generalmente, si los ingredientes son más amargos (escarola, endibia, ortiga), aceptarán más vinagre. En cambio, si lo que predomina son los ingredientes ácidos, llevará menos. El aceite y el vinagre se pueden sustituir por otros ingredientes, como zumo de limón, nata o grasa.

La salsa vinagreta, es una emulsión que para mantenerse se necesita batir aceite y vinagre. La receta de Vinagreta es una receta a base de vinagre, aceite, algunas verduras picadas, como el perejil o el cebollino, jugo de algún cítrico como el limón o la naranja, y mostaza y miel.

Se usa también para acompañar verduras, pescados, carnes, etc., por lo que se convierte en un estupendo acompañante de ensaladas

Toda vinagreta debe estar estructurada de la siguiente manera:

- Ácido: Hay muchos tipos de ácido que se pueden utilizar como el jugo de limón, vinagre de vino de arroz, vinagre blanco, vinagre de vino blanco, vinagre de sidra, vinagre de frambuesa, vinagre de vino tinto, vinagre de champaña, vinagre de jerez, vinagre balsámico, etc. todos ellos se pueden usar en una vinagreta, hasta se pueden combinar.

- Aceite: El uso de un aceite de sabor neutro es importante. El aceite de oliva sirve pero debe ser de sabor suave. Otros aceites neutros como el de canola, girasol o cártamo, funcionan muy bien y tienen un sabor más ligero. Algunos más exóticos como aceites de aguacate, nuez o aceite de sésamo se pueden añadir en pequeñas cantidades para dar sabor y realizar un aderezo con sabor diferente.

- Mostaza: Se debe evitar el uso de mostaza de sabores muy fuerte en una vinagreta. Si se usa se debe agregar en una pequeña proporción, la mostaza Dijon es la ideal para ensaladas.

- Adiciones: Se puede añadir para dar sabor a una vinagreta diferentes vegetales, o especias como: ajo, cebolla, pimientos, entre muchos otros.

Las hierbas y las especias ayudan a personalizar la vinagreta y las pueden personalizar. Añadir jugos de frutas como naranjas, limón, piña, fruta pasión o manzana pueden dar un toque de dulzura e interés a una vinagreta.

Puntos básicos para una Vinagreta:

- Al agregar Mostaza en la preparación, ayuda a evitar que el aceite y el vinagre se separen. También le agrega un sabor suave.
- Equilibrar dulce con un poco de ácido. Por ejemplo, si se añade miel para endulzar, agregar un poco más de vinagre o limón para que sea menos empalagoso.
- Del mismo modo, se debe equilibrar el ácido con dulce, añadiendo un poco de dulce (azúcar, miel o jarabe) para equilibrar el ácido del vinagre.
- Siempre es mejor agregar un poco de vinagreta a la ensalada y probar, siempre se le puede agregar un poco más pero no se le puede quitar. Si es el caso y quedo con exceso de vinagreta la única opción que queda es agregar más vegetales.
- Las Vinagretas se pueden utilizar también sobre carne cocida y verduras, para marinar carnes como el pollo o como aderezo para sándwich.
- Se debe hacer una buena selección de los ingredientes, esto influye en su sabor y calidad

Vinagreta Básica

Las proporciones pueden variar:
3 a 4 partes de aceite
1 parte de ácido
1/6 parte Mostaza
sal, (preferiblemente sal marina)
Adiciones opcionales: ajo fresco, cebolla, hierbas, zumo de fruta, 1/3 parte de miel o jarabe, etc.

Agregar los ingredientes en un bol con el vinagre, luego se coloca el aceite y batir bien hasta que se mezclen todos los ingredientes (emulsionar).

Vinagres más utilizados:

- Vinagre de vino.

Se denomina así al más corriente de todos los vinagres, así como el de mayor consumo y producción mundial. Este vinagre procedente de las diferentes variedades de vino. A veces este vinagre comercial no ha pasado por la fase de maduración.

- Vinagre blanco.

Es un vinagre obtenido de la fermentación del alcohol puro de caña de azúcar. Es la variante más fuerte de todas, por lo cual se expende reducido con agua al 10 ó 5 por ciento.

- Acceto balsámico.

El más conocido de los accetos es el Acceto balsámico de Modena es un tipo de vinagre de origen italiano procedente de la región de Emilia-Romaña y sobre todo de la ciudad que le da nombre: Módena. Dentro de sus características se encuentran las de poseer un sabor fuerte, de color oscuro y aromas ligeramente dulces. Se madura durante al menos 12 años en toneles de diferentes maderas. Se emplea mucho en vinagretas. Es recomendable sólo añadir unas gotas a la salsa para aderezar. Existen algunos accetos en pequeñas botellas de 100 ml que incluso pueden llegar a ser muy costosos, ya que están envejecidos por muchos años (pueden llegar a 40 años o más).

- Vinagre de Jerez.

La obtención de este vinagre se vincula a la producción de los vinos del Marco de Jerez. El vinagre se elabora exclusivamente a partir de la fermentación acética de estos vinos, el sabor de este vinagre es más fuerte que el de vino. El color resultante de este vinagre es caoba oscura, algo concentrado y de aromas generosos, en la nariz se nota el matiz de la madera. El vinagre de Jerez es ideal para consumir en vinagretas y aderezos de ensaladas, así como para realzar el sabor de algunos alimentos.

Está comprobado que se usaba desde el siglo I después de Cristo, ya que se encuentra evidencia en los escritos de gaditano Columela (escritor y visionario romano). Actualmente forma parte de los productos de calidad certificada por la Junta de Andalucía y su producción está regulada por el Consejo Regular del Vino y Brandy de Jerez. Se pueden encontrar dos tipos: "Vinagre de Jerez", que ha envejecido seis meses, o "Vinagre de Jerez Reserva", que ha envejecido un mínimo de dos años (aunque el consejo permite especificar la edad si esta es mayor, y pueden encontrarse vinagres de hasta 20 o 30 años).

- Vinagre de sidra.

Se denomina a este vinagre a veces como vinagre de manzana, frecuentemente empleado en las cocinas del norte de Europa. Su elaboración parte de la fermentación alcohólica de la manzana en sidra. Se emplea de manera muy acertada como parte de vinagretas y en preparaciones de múltiples ensaladas.

ACEITES:

La palabra aceite (del árabe az-zait, el jugo de la aceituna, y éste del arameo zayta) es un término genérico para designar numerosos líquidos grasos de origen muy variados que no se disuelven en el agua y que tienen menor densidad que ésta. Es sinónimo de óleo (del latín oleum), pero este término se emplea sólo para los sacramentos de la Iglesia Católica y en el arte de la pintura.

Originalmente se designaba al aceite de oliva, pero la palabra se ha generalizado para denominar a aceites vegetales, animales o minerales.

Clasificación de los aceites.

Pueden distinguirse dos tipos de aceite:

• Aceites Vírgenes: Son los extraídos mediante "prensado en frío" (no más de 27 °C), conserva el sabor de la fruta o semilla de la que es extraído. Otro método consiste en la centrifugación a 3.200 rpm y filtración a no más de 27 °C, método que se denomina "extracción en frío". Luego se aplica un proceso de decantación durante 40 días, para separar los residuos más finos.

• Aceites Refinados: son aquéllos que se someten a un proceso de refinado y desodorizado que permite obtener un aceite que responde a ciertos criterios Organolépticos:

• Son de sabor neutro
• Visualmente está limpio y con un color adecuado
• Son seguros en el campo alimentario
• Permite una mejor conservación.

Esta técnica suele utilizarse para modificar aceites que no son aptos para el consumo humano o para poder aumentar la producción de determinados productos que, si fuesen sometidos a una simple presión en frío, para obtener un aceite virgen no resultarían rentables económicamente (semillas de girasol)

Aceites mas utilizados:

• Aceite de Oliva

Es el principal aceite usado en la dieta mediterránea, se consume popularmente en países como España, Francia e Italia. Es uno de los aceites más usados por su versatilidad, sabor, capacidad de potenciar el sabor de los alimentos y por los beneficios nutricionales. Puede ser empleado para cualquier tipo de cocción, aderezo para ensaladas, condimento, etc.

- Aceite de Canola o Colza

Canola es el nombre comercial del aceite obtenido de la colza. Este aceite es muy popular en Japón, China, India, EE.UU y Canadá, mientras que en España es recordado por la muerte de unas 700 personas y más de 20.000 afectados por la enfermedad del síndrome tóxico provocado por tomar aceite de colza desnaturalizado con anilina. El aceite de colza tiene el menor nivel de grasas saturadas y unos altos niveles de omega-3, una grasa poliinsaturada que ayuda a reducir el riesgo de problemas de corazón. Por su sabor suave y bajo precio, el aceite de colza es bueno para cualquier propósito. Usos: frituras, guisos, aderezo de ensaladas, etc.

- Aceite de Maíz

Su producción es a partir del germen de los granos de maíz, es muy rico en grasas poliinsaturadas. El aceite refinado es uno de los más recomendados para freír ya que soporta altas temperaturas sin perder sus propiedades. Tiene un color dorado pálido, es de sabor y olor muy neutro, por lo que también se emplea con frecuencia en repostería. Usos: frituras, repostería, aderezo de ensaladas, producción de margarinas, etc.

- Aceite de Lino

El aceite producido a partir de las semillas de lino tiene un sabor que asemeja la mantequilla, por lo que es empleado como sustituto para preparaciones con papas, verduras, aderezos, etc. Es el aceite con mayor nivel de omega-3, y por eso se usa como suplemento.

Este aceite se puede encontrar con mayor frecuencia en las tiendas especializadas en dietética y veganas. Usos: suplemento nutricional, condimento, aderezo para ensaladas.

- Aceite de Almendras

Al ser un aceite que se extrae de un fruto seco, su precio es elevado y su demanda muy limitada. Tiene un aroma a almendra tostada y su sabor lo hace ideal para aderezar ensaladas y para resaltar los sabores de salsas. Se emplea también para postres. Mantiene sus características a altas temperaturas, por lo que se puede cocinar con él. El aceite de almendras es rico en grasas monoinsaturadas y vitaminas A y E.

Hay lugares donde lo usan como suplemento alimentario. Entre sus usos esta: aderezo para ensaladas, como ingrediente para resaltar los sabores de salsas, postres y como suplemento nutricional.

- Aceite de Palma

Es un aceite con un alto contenido de grasas saturadas. Es extraído de la pulpa de la palma americana. Tiene un color rojo anaranjado, un sabor fuerte y por lo tanto se emplea con mucha frecuencia para la preparación de platos caribeños. Existe una versión más refinada que es casi incolora y se mezcla con otros aceites para crear aceites y grasas vegetales genéricos.

Usos: cualquier tipo de cocción, aderezos, producción de otras grasas vegetales.

- Aceite de Maní

Dependiendo de qué zona del mundo se prepares, puede tener un sabor más suave por el proceso de refinado que reciben o un sabor más concentrado a Maní. El aceite de maní refinado sirve para freír y cocinar, no absorbe ni transfiere sabores de la comida y es rico en grasas monoinsaturadas y poliinsaturadas. Se mantiene durante mucho tiempo bien cerrado en lugar fresco y seco alejado de la luz del sol.

Usos: frituras, aderezos, producción de margarina.

- Aceite de Girasol

Se hace con las semillas de la planta de girasol. Este aceite es de color dorado claro y tiene el mayor nivel de grasas poliinsaturadas que se pueda encontrar en un aceite. Es bajo en grasas saturadas y se puede utilizar para cualquier preparación gastronómica.

El aceite de girasol se emplea para salteados, frituras y hasta para repostería por su suave sabor. Usos: cualquier tipo de cocción, aderezos, producción de margarina.

- Aceite de Sésamo

Su producción es muy simple, ya que se realiza prensando las semillas de sésamo. El aceite que resulta es de color oscuro y con mucho sabor a frutos secos. Es un aceite usado con frecuencia en la cocina de China, Japón y Corea. Uso: aderezo de ensaladas, salteados, marinadas, guisos, etc.

- Aceite de Soja

Se emplea en la fabricación de margarinas y grasas vegetales. Es uno de los aceites más empleados en la gastronomía asiática. Es muy refinado y necesita altas temperatura y más tiempo para llegar a perder sus características organolépticas o simplemente quemarse, por lo que lo vuelve un aceite idóneo para frituras. Su producción suele ser más económica. Tiene un alto contenido en omega-3 y grasas monoinsaturadas. Usos: frituras, aderezo para ensaladas, producción de aceites vegetales, margarinas y alimentos preparados.

- Aceite de Trufa

Se produce con un aceite de muy buena calidad (generalmente aceite de oliva virgen extra) y el sabor de las trufas, que se sumergen en el aceite hasta que desprenden todo su aroma. Este aceite es muy aromático y sólo se necesitan unas gotas para dar sabor a trufa a cualquier alimento, generalmente pasta, risottos, ensaladas y salsas. Si se conserva durante demasiado tiempo puede perder sus cualidades aromáticas. Usos: como saborizante, para dar un toque aromático.

- Aceite de Albaricoque

Se extrae de las semillas del albaricoque, suele ser prensado y muchas marcas pueden usar otras técnicas de refinado. Es alto en grasas monoinsaturadas y no contienen ácidos grasos trans, por lo que es bastante sano. Sirve para cocción a altas temperaturas, para salteados y fritos, y su sabor moderado lo convierte en una buena elección para aderezar ensaladas. Usos: cocción, frituras, aderezo de ensaladas.

- Aceite de Argán

Este aceite se obtiene de los frutos del argán, que es un árbol originario del suroeste de Marruecos y que es difícil de encontrar en otras áreas. El aceite que se obtiene de prensar su fruto es muy caro debido a los métodos tradicionales de producción: se necesitan de 20 a 30 horas de trabajo para producir 1 litro de aceite de argán. Tras el procesado, el subproducto que queda es una pasta marrón oscura parecida al tahini o a la mantequilla de cacahuete. El aceite de argán tiene un color amarillo dorado con un ligero tinte rojo y un agradable aroma almendrado. Proporciona un sabor muy suave similar a las avellanas. Usos: cocina, aderezo de ensaladas, condimento.

- Aceite de Aguacate

Tiene un sabor ligero que lo hace ideal para ensaladas. Se suele producir a partir de aguacates que están pasados de su punto de maduración. Soporta altas temperaturas así que se puede usar para cocinar. Es rico en grasas monoinsaturadas y vitamina E. Usos: frituras, aderezo de ensaladas y como condimento.

- Aceite de Chile

Deriva de los chiles rojos picantes, que se sumergen en aceite vegetal para darle sabor. Tiene un color rojizo característico y su nivel de picante es alto, por lo que se utiliza por gotas. Usos: Se emplea para realzar el sabor de sopas y caldos, también se emplea para saltear vegetales y para aderezar pastas y como condimento.

- Aceite de Algodón

Un aceite poco frecuente obtenido de las semillas de la planta de algodón que se suele mezclar con otros aceites y grasas para fabricar margarinas, aliños y productos fritos preparados como las papas fritas. Usos: producción de margarinas, fabricación de alimentos procesados, crema batida, cremas para untar, preparación de aderezo para ensaladas, en los cereales, mayonesa, etc.

El aceite de algodón también se utiliza en productos para el cuidado personal como jabones y cosméticos

- Aceite de Uva

Es un subproducto de la industria vinícola, con poco sabor afrutado y bueno para ensaladas. Soporta altas temperaturas, así que es ideal para frituras. Se mantiene muy bien a temperatura ambiente siempre y cuando no se superen los 45 ºC. Usos: frituras, aderezo para ensaladas, producción de margarinas.

Se puede comprar en algunos supermercados y tiendas de especialidades gourmet.

Algunos aceites se obtienen con procesos de refinado que incluyen calor o químicos para extraer el aceite. Así se obtiene un producto estable, líquido, con un largo período de vida, evitando que se deteriore con el paso del tiempo. Otros aceites se consiguen sólo mediante la presión para liberar el aceite de las frutas, semillas o frutos secos. Los aceites que se obtienen de esta forma se llaman "aceites de presión en frío" y suelen tener más aroma y sabor que los refinados. También son más caros, duran menos tiempo (caducan antes) y no aguantan temperaturas tan altas como los refinados.

Los vinagres y aceites infusionados se obtienen sumergiendo un producto (aromáticos, frutas, verduras, especias, hierbas aromáticas, etc.) en vinagre o aceite para extraer su sabor. Los vinagres y aceites infusionados se elaboran en base al ingrediente principal que los componen. Para su realización es indispensable que el vinagre no sea sumamente ácido, que no contenga aromáticos o saborizantes.

ARROZ

El arroz es un cereal cuyo nutriente principal son los hidratos de carbono, seguido de proteínas de origen vegetal y casi no contiene grasas.

El origen del arroz se encuentra en los países orientales, que lo utilizaban como moneda de trueque en las transacciones comerciales. Siglos más tarde llegó a Europa, tras la caída del Imperio Romano. Este cereal tiene un valor nutritivo igual que el trigo. Es un alimento energético y una buena fuente de minerales (magnesio, fósforo, zinc, cobre y potasio) y vitaminas (niacina, vitamina B6, tiamina).

Existen en el mundo más de 2.000 variedades de arroz, pero sólo unas pocas se cultivan. En los centros de investigación de todo el mundo, surgen continuamente nuevas variedades de arroz, que se diferencian entre sí por su tamaño y resistencia, entre otros aspectos. No obstante, todas ellas se agrupan en tres grandes categorías según:

El tamaño del grano:

● Grano Largo: El grano es más alargado que ancho. Es ligero, se separa con facilidad, además de ser reconocido en el mercado internacional por su alta calidad.

Ejemplos: Basmati de India y Pakistán, arroz aromático de Jazmín de Tailandia y el Ferrini de Italia.

- Grano Medio: El grano es más corto y grueso, tiene una textura suave y tierna al ser cocido. En la cocina los granos de arroz mediano retienen más agua y se utilizan en la preparación de paellas, arroces al horno o cazuelas. tiene menos amilosa que el arroz de grano largo y es dos veces más largo que ancho. Ejemplos: arroz Bomba o arroz Carnaroli.

- Grano Corto: El grano es de un tamaño pequeño, forma casi esférica, y sus granos se adhieren entre sí con facilidad, incluso, se mantienen pegados a temperatura ambiente y se cocina rápidamente, Posee un alto contenido de almidón y hace que después de cocido tenga una textura cremosa. Ejemplos: arroz Arborio y el Vialone Nano

La amilosa y amilopectina son dos moléculas que constan en el almidón (carbohidratos complejos). Ambas se componen de cadenas largas de moléculas de glucosa. Cerca del 20% de la mayoría de los almidones es amilosa y el 80% amilopectina. Las moléculas de amilosa están compuestas de aproximadamente 200 a 2000 moléculas de glucosa y la Amilopectina: Molécula del almidón que tiene ramificaciones y está constituida por muchos anillos de glucosa unidos entre sí.
Según el procesamiento se clasifican en:

- Arroz Integral o Cargo: De grano medio o largo, es más oscuro que los refinados debido a que conserva parte del salvado de la cáscara. Requiere una cocción más lenta y, prolongada (unos 45 minutos). Durante la degustación, se puede apreciar una textura masticable.

- Arroz Vaporizado: Es el tipo de arroz preferido por los consumidores que requieren arroces livianos y de fácil separación. No se pasa ni se pega. También contiene más nutrientes que el arroz blanco. Requiere unos minutos más para su cocción, y absorbe muy poco los sabores de los ingredientes que lo acompaña.

- Arroz Glutinoso: Su principal característica es que los granos, después de la cocción, quedan pegados unos a otros debido a su gran contenido en almidón. Esta cualidad lo hace imprescindible para la elaboración de algunos platos de cocina china y japonesa, como el sushi.

- Arroz Aromático: Es una variedad Urumati de grano largo. Tiene un aroma especial que lo hace muy apetecible. Se lo utiliza para preparar platos típicos del sudeste asiático. En muchas preparaciones se le agrega azafrán para que el plato se realce en color y sabor. Dentro de este tipo se encuentra el arroz tailandés, que destaca por su aroma a jazmín.

Métodos De Preparación:

- Hervido

El método más empleado para la cocción del arroz clásico. En una olla, calentar 5 partes de agua por 1 de arroz. Cuando comience a hervir, añadir el arroz, salar al gusto y dejar cocinar a fuego bajo el tiempo requerido. Si el fabricante no especifica tiempos, una norma general podría ser unos 15/17 minutos para el de grano largo y 18/20 minutos para el de grano medio.

Una vez pasado el tiempo, escurrir con un colador, reservar y dejar reposar tapado, para que termine por absorber la humedad que conserve de la cocción.

Esta preparación puede usarse como guarnición para acompañar otros platos, como método previo para un salteado y también para ensaladas con arroz blanco.

- Arroz Asopados:

El resultado es un arroz con algo de caldo. Se realiza al aumentar la cantidad de agua o caldo sobre la cantidad de arroz a usar, utilizando 3 partes de líquido por cada parte de arroz. Lo ideal es usar un arroz de grano medio o tipo bomba.

El arroz se cocina el arroz durante 18 a 20 minutos, hasta que quede al dente, pero aún debe quedar líquido en la preparación.

- Arroz al Horno

Técnica que se emplea frecuentemente en restaurantes, ya que permite tener el arroz en una cocción media para luego completar la cocción en el horno al momento del servicio. Se puede emplear para aplicar este método cualquier tipo de arroz, pero se emplea con mas frecuencia el usado en los establecimientos comerciales que es el arroz de grano medio.

Su preparación es sencilla, solo se debe rehogar el arroz con los ingredientes elegidos, luego añadir caldo o agua muy caliente (2 partes de líquido por 1 de arroz) y se cocina solo por 2 a 3 minutos.

Con el horno precalentado a 200 °C, hornear entre 18 a 20 minutos, hasta que el líquido se consuma por completo.

Es muy importante para aplicar este método, conocer muy bien el comportamiento del horno, ya que es muy fácil pasarse de potencia y que ocurra accidentes con el plato.

- Técnica 15/15

Consiste en colocar en cocción el arroz por 15 minutos con todos los vegetales e ingredientes que se le va agregar, dejar que rompa a hervir para luego baja la temperatura al mínimo y se tapa y se tapa. Al pasar los 15 minutos se apaga y se deja en cocción con el vapor por 15 minutos mas.

Es muy importante tapar herméticamente para evitar el escape del vapor.

- Arroz Pilaf

Es un arroz, de grano largo, es necesario lavar antes de su uso para quitar el almidón exterior. Para preparar se debe colocar en una sartén un poco de aceite o mantequilla, solo lo suficiente para realizar un sellado del arroz. Una vez logrado el sellado, añadir un caldo muy caliente, en una proporción de 2 partes de caldo por 1 de arroz. Hay que comenzar la cocción sin tapar aproximadamente por unos 10 minutos y luego tapar para seguir cocinando a fuego muy bajo, entre 8 - 10 minutos. Se debe colocar la sal y las especias seleccionada al pasar los primeros 10 minutos.

Los granos del arroz deben de quedar sueltos, que se separen con facilidad los granos. Este método para preparar el arroz es típico en Oriente Medio y Asia Central. Una técnica que se le atribuye a los pueblos árabes.

- Arroz Para Sushi

Este arroz lleva una preparación muy especial, que requiere una técnica especifica. Primero hay que emplear arroz de grano corto y glutinoso. Se debe lavar con abundante agua fría, de 8 a 10 veces, hasta que el agua salga limpia, y dejar escurrir.

En una olla, colocar 3 partes de agua por 2 y media de arroz. Tapar y dejar cocinar unos 10 minutos. Pasado el tiempo, retirar del fuego y dejar otros 10 minutos sin destapar.

Dejar reposar otros 10 minutos en una bandeja para dejar enfriar. Luego se aplicará el aderezo. La proporción será de 75 ml. de vinagre de arroz para medio kilo de arroz. Añadir poco a poco el vinagre, al tiempo que se va removiendo.

El arroz no puede quedar nunca húmedo. Para acelerar el proceso de enfriamiento, se debe abanicar el arroz. Una vez frío ya se puede usar para preparar sushi.

Errores Más Frecuentes Para Hacer Arroz

- El arroz preparado correctamente, queda suelto y con una buena textura, salvo en la cocina japonesa.

- Para que quede bien se debe emplear la variedad adecuada para cada preparación. Equivocarse al elegir la variedad de arroz puede arruinar el plato, no se debe emplear el mismo tipo de arroz para hacer un risotto que hacer un arroz thai, o para realizar sushi. Cada plato requiere que se utilice el tipo de arroz correcto.

- La proporción de agua debe ser acorde al arroz empleado. Algunas variedades de arroz necesitan más agua y otras menos, controlar la proporción de agua con respecto a la cantidad de arroz utilizada es indispensable para lograr el resultado esperado.

- Para el arroz blanco grano medio se utilizan 3 partes de líquido por cada 1 de arroz, siempre con agua templada o agua caliente.

- El arroz no se debe remover durante la cocción. Cuando se coloca el caldo o agua en la olla, se remueve para distribuir bien los ingredientes, pero después no se debe volver hacer en ningún momento.

- Hay que evitar la sobre cocción, ya que daría como resultado un arroz blando casi puré, que es algo desagradable al paladar.
- Siempre se puede arreglar el arroz si queda un poco duro. El principio de la cocción debe ser a gran temperatura, pero, luego se debe disminuir a su mínima expresión; si el fuego está demasiado alto durante todo el proceso, el líquido caldo o agua se evaporará muy rápido y el arroz no se cocerá correctamente dando como resultado un arroz duro.

Arroz Pilaf a Las Hierbas

El arroz pilaf, pilaw, pilau o polow entre otros nombres dependiendo de la región que lo mencione, es una elaboración tradicional para el arroz de la cocina hindú, aunque se considera un plato originario de la cocina persa o turca. Se tiene referencias literarias en la historia de Alejandro Magno.

La forma de cocinar el arroz pilaf básico es dorando el grano en aceite, mantequilla o ghee, con cebolla o ajo y especias para dar algo de sabor y después agregando caldo o agua para su cocción. Suele utilizarse un arroz de grano largo aromático, tipo basmati, y el resultado del arroz pilaf debe ser el de un grano suelto.

Ingredientes:
2 cucharadas de Mantequilla, aceite o ghee
1 cebolla morada pequeña
130 grs de arroz basmati (arroz de grano largo)
2 dientes de ajo
1 ¼ taza fondo de ave neutro
1/2 taza de piñones (o cualquier fruto seco a elección: Nueces, almendras, avellanas)
¼ taza de perejil
1/4 taza de Cebollín
tomillo c/n
orégano c/n
Pimienta blanca c/n
Sal c/n

Risotto de Champiñones

El Risotto, es un plato típico italiano, que debe ser realizado con un arroz rico en almidón, para su consistencia cremosa, por lo tanto, el líquido debe ser agregado de manera constante y no desde el inicio como se acostumbra a cocinar la mayoría de los arroces.

Ingredientes:
150 gramos arroz arbóreo
100 gramos de champiñones frescos
1 cebolla pequeña
1 ajo
325 ml fondo ave
6 cucharadas queso parmesano rallado
4 cucharadas vino blanco
aceite c/n
1 cucharada de mantequilla

Arroz Salvaje con Camarones

Es un género de plantas herbáceas perteneciente a la familia de las poáceas. Es originario de Eurasia y América del Norte.

Aunque conocido comúnmente como arroz silvestre o arroz salvaje esta cascara no es un arroz, se trata de hierbas acuáticas o palustres, robustas y erguidas. Tienen raíces delgadas y fibrosas que no penetran mucho. Los granos alargados contienen más de 13% de proteína y además carbohidratos, vitamina B, potasio y fósforo.

Las especies norteamericana, llamadas ahora arroz indígena, fueron recolectadas para la alimentación por los aborígenes, desde hace por lo menos 10 mil años.

Ingredientes:
2 dientes de ajo
1/2 pimiento verde

1/2 pimiento rojo

2 tomates maduros

3 tazas de arroz salvaje

200 gramos de camarones peladas

Bisqué de camarón cantidad necesaria

Aceite de oliva virgen

Sal

pimienta

Perejil en aché

Salteado de Arroz Jazmín

Ingredientes:

130 gr de arroz Jazmín.

1 cebolla morada pequeña.

1/2 pimiento verde.

1/2 pimiento rojo.

150 gramos de calabacín.

1/4 taza de cebollín (cebolla de verdeo)

65 gramos de jamón entero.

Aceite de sésamo (ajonjolí) c/n

1 huevo

Salsa de soya oscura c/n

HUEVOS

El huevo, aparte de ser un alimento muy completo, es casi que imprescindible en la dieta, se volvió indispensable en la cocina por los múltiples usos que tiene y casi no se puede sustituir en muchas preparaciones culinarias.

Los huevos se consumen en diferentes preparaciones culinarias como plato principal por su valor nutritivo y porque tanto a escala familiar como en la gastronomía, sus platos son fáciles y rápidos de hacer. Además, se utilizan como ingrediente para mezclar o combinar con otros alimentos, por sus grandes propiedades.

Uso Culinario De Los Huevos:

El huevo es uno de los alimentos más versátiles que se puede encontrar, ya que éste se adapta con facilidad a diversas preparaciones, combinaciones, usos y recetas, además de los grandes beneficios que ofrece al ser un ingrediente básico que aporta muchas propiedades que se puede utilizar a la hora de preparar y presentar un plato.

Usos y aplicaciones de los huevos en la cocina:

• Espumante: El huevo se utiliza como espumante en panes, flanes en postres y pasteles.

• Emulsionante: Como emulsionante los huevos sirven para preparar mayonesas, salsas, aderezos, etc.

• Coagulante: como coagulante el huevo es perfecto en la elaboración de flanes, natillas y pudín.

• Clarificante: permite eliminar restos sólidos suspendidos en productos líquidos.

- Adhesivo: sirve para poder pegar la harina y así proteger los rellenos de los alimentos.

- Espesante: se utiliza el huevo como un aglutinante para espesar cremas y sopas.

- Colorante: los huevos se emplean para colorear salsas, sopas, cremas, pastas alimenticias, panes y muchas otras preparaciones.

- Mezclador: se puede mezclar con leche y pan rallado o molido para empanizar los alimentos.

- Abrillantador: proporciona un acabado brillante a los panes, pastas y bollos.

Técnicas de Preparación Se Los Huevos Según El Método De Cocción:
Básicamente los huevos se pueden cocinar de 2 formas cascados y sin cascar.

- Huevos cocidos sin cascara.

    Dentro de esta manera de cocinar los huevos existe a su vez dos formas en la cocina.

- Los huevos batidos: en esta categoría se encuentra los huevos   batidos, los revueltos y en tortilla.

- Los que se cocinan sin batir. Entre estos se destacan los huevos que se preparan moldeados como los huevos en cocottê, escalfados, a la poêle, fritos y al plato.

- Huevos cocidos con cascara.

En esta categoría se encuentra: los huevos pasados por agua, mollets y duros. Para realizar este tipo de preparaciones hay que tener en cuenta que los huevos deben estar a temperatura ambiente, porque si le introducen en agua hirviendo cuando están fríos de la nevera, se rompen por la diferencia brusca de temperatura.

Técnicas de Cocción de los huevos:

- Huevos Fritos:

    En esta preparación de huevos, se puede proceder de diferentes formas: al natural con las claras y/o yemas blandas o duras, con las claras cubriendo ligeramente o totalmente las yemas, con grasa escasa o abundante. En todos los casos se aconseja tener cuidado al colocar los huevos cascados en la plancha o sartén para que no se rompan y se mantenga la forma del huevo. Al momento de colocar el huevo en la grasa se debe tomar en cuenta que no debe estar ni muy caliente ni muy fría.

- Huevos Duros:

    Se introducen los huevos en un recipiente con agua. El tiempo de cocción depende del tamaño del huevo: para huevos pequeños (S), son de de 6 a 8 minutos, para huevos medianos (M), son alrededor de 8- 10 y para huevos grandes (L), son de 10 a 12 minutos; a partir de que el agua comienza a hervir.

    Se recomienda pelar los huevos lo más rápido posible después de cocidos. Cuando se preparan huevos duros, puede formarse una película gris verdosa si se pasan del tiempo de cocción, eso es debido a la reacción del azufre de la clara con el hierro de la yema. Para evitar esta coloración el huevo debe hervir solo los minutos requeridos e inmediatamente enfriar, para cortar la cocción.

- Huevos Mollets: Introducir en agua hirviendo los huevos, y contar desde que vuelve a recuperar el hervor el tiempo, son aproximadamente de 5 -6 minutos. Después del tiempo refrescar para cortar la cocción. Golpear cuidadosamente y retirar la cáscara. Dejar en un recipiente con un plato boca abajo, con agua fría y sal. Al momento de servir calentar con agua caliente. Es importante realizar esta preparación con huevos muy frescos.

- Huevos Tibios: En esta preparación los huevos deben quedar blandos y el tiempo de cocción es muy importante porque decide si la clara queda totalmente dura y solo queda blanda la yema o si la clara no se cocina totalmente. Por lo general para un huevo de tamaño mediano el tiempo de cocción es de 3 a 5 minutos.

- Huevos Escalfados o Huevos Poché: Los huevos escalfados son los que se cocinan sin sus cáscaras solamente en agua abundante o agregando pequeñas cantidades de sal, 10 % de vinagre con respecto al agua y otros condimentos al agua de cocción que debe estar hirviendo ligeramente. La clara debe envolver la yema completamente y ésta última queda blanda. El tiempo de cocción es de 3 - 4 minutos. Aproximadamente.

- Huevos al plato: Los huevos al plato se elaboran en cazuelas de barro donde también se sirven o en sartenes, ambos engrasados. Se cocinan primero brevemente, los huevos enteros a fuego alto y después se introducen en el recipiente donde terminarán de cocinar en horno caliente. Las yemas deben quedar brillantes con las claras bien cocidas. Se sirven con condimentos al gusto y cebollas, salsas, queso rallado y otros a gusto.

- Tortillas: Batir los huevos en un recipiente y verter en sartén con poca grasa bien caliente. A los huevos batidos se le puede agregar cualquier tipo de condimento o hierbas aromáticas, así como otros alimentos al gusto como vegetales, papas, carnes y sus derivados, pescados y otros. Las tortillas se elaboran principalmente en dos estilos:

1. A La Española: Se mezclan todos los ingredientes con los huevos batidos y se vierte la mezcla en el sartén de manera que adquiera la forma redonda de éste, además debe quedar bien cocinada por las dos caras.

2. A La Francesa: La forma es alargada y queda con una textura blanda sin cocinar totalmente en el centro, también es llamada omellette. En esta tortilla a diferencia de la española, los huevos batidos no se mezclan con los ingredientes de la tortilla, sino que se agregan en la superficie de la tortilla cuando se comienza a voltear.

• Huevos revueltos o revoltillos: Es similar a la tortilla, aunque se cocina a fuego bajo o moderado, revolviendo continuamente hasta alcanzar una textura suave, esponjosa y cremosa. En este caso, se cocinan los huevos batidos en combinación con condimentos o alimentos o revolviéndolos con los ingredientes en el momento que se cocina. La estructura del revoltillo se mejora cuando se incorpora crema de leche al final de la preparación.

VEGETALES

No hay nada que pueda crear más confusión en el cocinero, que la clasificación de la materia prima vegetal, que va utilizar en sus preparaciones, por lo tanto, se tratara de explicar de manera muy breve, la clasificación de la misma.

• Hortalizas: Son plantas herbáceas hortícolas en sazón que se pueden utilizar como alimento, ya sea en crudo o cocida; Es decir, todos aquellos productos comestibles obtenidos en las huertas que, bromatológicamente implican el consumo de distintas partes de una planta, que no tienen sabor dulce y que son importantes en la dieta por su contenido en fibra, vitaminas y minerales.

• Verduras: Son hortalizas, pero cuyas partes comestibles son las partes verdes (hojas, tallos o inflorescencias).

• Legumbres frescas: Son los frutos y semillas no maduros de las hortalizas leguminosas (frutos con forma de vaina). Por tanto, también se consideran hortalizas.

Clasificación De Las Hortalizas Según El Tipo De Planta

Las hortalizas se clasifican por el tipo de planta y la parte de la planta a la que pertenecen. Botánicamente, proceden de familias diversas. También se clasifican por su presentación al consumidor (frescas, desecadas, deshidratadas o congeladas) y por su calidad comercial, que viene determinada en la legislación vigente.

Bajo el criterio Tipo De Planta se tiene como ejemplos de las más conocidas y consumidas:

* Frutos: Las frutas o frutos son los "ovarios" que contienen las semillas: Berenjena, Guindilla, Maíz dulce, Pimiento dulce, Pimiento picante, Tomate, aguacate, sandía, etc.

* Bulbos: Ajo, Cebolla, Puerro, Cebollín, Chalote, Hinojo, etc.

* Coles: Berza, Brócoli o brécol, Col de Bruselas, Coliflor, Repollo, etc.

* Hojas Y Tallos Tiernos: Acedera, Acelga, Berro, Endivia Escarola, Espinaca, Lechuga, etc.

* Inflorescencias: Alcachofa (alcaucil) (Cynara scolymus, L.)

* Legumbres Verdes: Guisantes, Habas, judías, Tirabeques, etc.

* Pepónides: Calabacín, Calabaza, Pepino, etc.

* Raíces: Achicoria, Colinabo, Nabo, Rábano, Remolacha, Zanahoria.

* Tallos Jóvenes: Apio, Espárragos, etc.

ESPECIAS Y CONDIMENTOS

Especias: Son sustancias vegetales con usos muy diversos, tales como conservantes y colorantes y aromatizantes de los alimentos, algunas con capacidad de excitar fuertemente el paladar, que hacen que la cocina de cada cultura y civilización posea un toque particular que la caracteriza.

La forma más común de clasificarlas es:

De raíces o rizomas: cúrcuma, jengibre, regaliz.

De hojas y tallos: albahaca, cilantro, curry, : albahaca, cilantro, curry, estragón, laurel, melisa, mejorana, menta, hierbabuena, orégano, perejil, salvia, tomillo, romero. romero.

De cortezas: casia, canela.

De flores o Yemas: azafrán, alcaparra, clavo

De frutos y semillas: alcaravea, anís estrellado, apio, cardamomo, cidro, comino, chiles, cayena, pimienta de pimienta de sichuán, hinojo, mostaza, nuez moscada, paprika, pimienta, pimiento, vainilla, etc.

Condimentos: Son sustancias que se emplea en poca cantidad para resaltar o modificar el gusto normal de los alimentos e incrementar el apetito. Existen distintos tipos de condimentos según su naturaleza los clasificaremos de la siguiente forma:

Salinos: sal.

Dulces: azúcar y miel.

Ácidos: limón y vinagre.

Grasos: Aceites y grasas animales.

Hortalizas: Liliáceos (cebolla, ajo, puerro, chalota); raíces (zanahoria, apio) con simientes (pimentón, ají).

Hierbas aromáticas: Tomillo, orégano, romero. Albahaca, salvia, perejil, menta estragón, menta, cilantro, entre otras.

Especias: Nuez moscada, pimienta, canela, clavo de olor, vainilla.

GLOSARIO

A

Abrillantar: Dar brillo a un género con gelatina, mermeladas, mantequilla fundida o almíbar. También se puede pintar con huevo o aceite una masa para que tras su cocción resulte brillante.

Acanalar: Hacer incisiones longitudinales a un género con un "acanalador" para que éste resulte más atractivo.

Acidular: Hacer levemente ácido un alimento con adición de limón, vinagre, etc. Agua acidulada: agua fría a la que se ha añadido zumo de limón o vinagre; evita que se decoloren algunas frutas y hortalizas

Aderezar: Sazonar, poner a punto de sal, pimienta, etc.

Adobar, Aliñar: Introducir carnes o pescados crudos en un aliño para mejorar su presencia y sabor.

Albardar: Cubrir un género con finas lonchas de materia grasa, para evitar que se reseque durante la cocción.

Almíbar: Líquido espeso resultante de cocer azúcar y agua, solas o con zumo de frutas.

Amalgamar: Mezclar a fondo varias sustancias.

Amasar: Trabajar los ingredientes de una masa para obtener una mezcla homogénea.

Asar: Cocinar un género (ya sea carne, pescado, etc.) con un mínimo de grasa de tal forma que quede dorado por la parte exterior y muy jugoso por la interior. Hay distintas formas de asar, a saber: al horno, a la plancha, a la parrilla, en espetón o estaca, en la salamandra, a la sal).

Asustar: Cortar la cocción añadiendo hielo o agua. O en el caso del pulpo, es meter el pulpo (frío) en un líquido caliente (agua hirviendo) durante tres veces. Se corta la cocción del agua.

Aviar: Despojar y limpiar un ave para su posterior preparación

B

Bañar: Cubrir un género con una sustancia líquida, salsa, almíbar o mermelada, lo suficientemente espesa para que lo cubra o empape.

Baño maría: Recipiente con agua caliente que sirve para contener "baños" anteriormente citados y de esa forma conservar su temperatura.

Batir: Sacudir enérgicamente, con una varilla o batidora, una materia hasta que adquiera cierta consistencia o densidad deseada.

Blanquear: Dar un hervor a un producto, para cortar la acción enzimática o como un paso previo de otro procedimiento. Se aplica a hortalizas, productos congelados, etc.

Bolear: En panadería es la acción de heñir una masa.

Bouquet-garni: Es un ramillete aromático compuesto de laurel, tomillo y perejil, envuelto de verde de puerro. También se pueden añadir otros aromatizantes.

Bresear: Método de cocción empleado generalmente para carnes duras, lentamente y por un tiempo prolongado. Se acompaña la cocción con hortalizas y elementos líquidos para que favorezcan el cocinado.

Bridar: Atar un género para que no pierda la forma durante su cocinado.

Brunoise: Es un picado muy fino en las hortalizas.

C

Camisar: Aplicar, en las paredes interiores de un molde o recipiente, una capa fina de pasta, gelatina, helado, etc.

Caramelizar: Untar un molde o cubrir un género con azúcar a punto de caramelo.

Cerner: Practicar una incisión poco profunda, con un cuchillo, en la piel o la corteza de un fruto. Por ejemplo, a las manzanas antes de cocerlas para evitar que estallen.

Clarificar: Operaciones que tienen por objeto limpiar una salsa, caldo, consomé o gelatina. También es la acción de separar la caseína y cuerpos extraños de la mantequilla fundida.

Cocer: Todo el mundo conoce que es hacer entrar en ebullición un líquido, de esa forma se transforma, por la acción del calor, el gusto y propiedad de un género. Haciéndolos más blandos y digeribles.

Cocer en blanco: Es la acción de hornear una masa tapada y apretada con legumbres secas u otro tipo de peso.

Colar: Verter en un colador o chino un líquido, más o menos espeso, para filtrarlo.

Corregir. Modificar un sabor dominante en una preparación por adición de otra sustancia.

Cornet: Utensilio elaborado con papel en una forma de cuerno recto, fácil de confeccionar a mano y que sirve para decorar.

Crever. Eliminar una parte del almidón del arroz haciendo hervir rápidamente los granos en agua con sal.

Cuajar: Coagular o espesar ciertos preparados ya sea por acción del calor o del frío.

D

Dar cuerpo: Trabajar una preparación, salsa, masa, etc., para conferir una calidad espesa y ligada. En el caso de una masa, propiedades elásticas.

Decantar: Suprimir, normalmente por trasvase, las impurezas o cuerpos extraños de un jugo, salsa, aceite, preparado líquido, etc.

Desecar: Secar por evaporación un preparado al fuego.

Desbarasar: Despejar el lugar de trabajo para la puesta a punto o para dejar todo lo recogido para su limpieza.

Deshuesar: Retirar los huesos de ciertos ingredientes o materias primas con utensilios destinados a tal efecto, cuchillos, pinzas, etc.

Desglasar: Añadir vino u otro líquido a una placa de asar para recoger los jugos que han quedado solidificados tras el asado.

Desmoldar: Sacar un preparado de molde, del que conservará la forma.

Dorar: Dar con huevo batido sobre una pasta, al objeto de que se dore durante la cocción.

E

Emborrachar: Humedecer un pastel con un almíbar, un alcohol o un licor con la finalidad de ablandarlo y aromatizarlo.

Emulsionar: Provocar la dispersión de un líquido en otro (o en una materia) con el que no es miscible. La mayonesa por ejemplo es una emulsión de huevos y aceite.

Encamisar: Forrar la pared y/o fondo de un molde con una capa gruesa de una preparación que evite que los alimentos se peguen al recipiente y permita que se desmolden fácilmente, o con varios ingredientes que forman parte del plato.

Encolar: Agregar gelatina a un preparado para que tome cuerpo y brillo al enfriarse.

Engrasar: Untar con una materia grasa una bandeja de pastelería, el interior de un aro para tartas o un molde para evitar que las preparaciones se peguen durante la cocción y así facilitar su desmoldado.

Escaldar: Introducir un género en agua hirviendo manteniéndolo allí poco tiempo.

Escalope: Lonja delgada de carne que generalmente se presenta empanada y frita.

Escamar: Despojar de escamas un pescado.

Escarchar: Cubrir un bizcocho o pastel con azúcar glas. Sumergir el borde de una copa en clara de huevo y azúcar y congelarlo en la nevera

Espalmar: Aplanar ligeramente un género mediante golpes suaves para darle una forma más delgada.

Espumar: Retirar la espuma que se forma en la superficie de un líquido o de una preparación mientras se está cociendo. Está operación puede efectuarse con una espumadera, cuchara o cucharón.

Estofar: Introducir un género a fuego lento en recipiente tapado con los elementos de condimentación.

F

Farsa: Mezcla de diversos ingredientes picados para: rellenos, patés, albóndigas, etc.

Flamear: Hacer arder un líquido espirituoso en un preparado. Pasar una llama sin humo una vianda para quitarle los pequeños pelos o plumas que hayan quedado.

Fondant: Es una especie de crema en pastelería que se utiliza para rellenar o rebozar pasteles u otros dulces.

Fondo: Es una base de salsas caliente a base de huesos o espinas, hortalizas, y más ingredientes que se utiliza como base en multitud de preparaciones.

G

Glasear: Darle brillo a un género de pastelería por medio de la una glasa al agua (mezcla de azúcar lustre y unas gotas de zumo de limón y agua con consistencia similar a la leche condensada).

Gratinar: Dorar la superficie de un preparado espolvoreado con queso o pan rallado y algo de grasa.

H

Hervir: Cocer un producto por inmersión en agua hirviendo, lo mismo que llevar a ebullición.

Heñir: Empujar y aplastar una masa sobre el mármol con la palma de la mano. De esta forma conseguimos una perfecta mezcla de los ingredientes y una masa totalmente homogénea.

Historier: Transformar elementos de decoración antes de incorporarlos al plato. Por ejemplo, los limones y las naranjas cortados con dientes o picos. Así se embellecen multitud de platos.

Hojaldrado: Preparación con una pasta de hojaldre. Se plega la masa una y otra vez sobre si misma añadiendo mantequilla en pomada.

I

Incisión: Corte más o menos profundo que se practica con un cuchillo bien afilado en cualquier género con finalidades distintas: elaboración, presentación, fermentación, etc.

Infusión: Acción de verter ingredientes aromatizantes en agua hirviendo y esperar a que adquiera los aromas de los ingredientes. Por ejemplo, la vainilla en leche o la canela en el vino tinto.

Ionización: Método de conservación de los alimentos mediante rayos ionizantes.

J

Jalea: Extracto gelatinoso y espeso de frutas que se obtiene mediante la cocción de las semillas, peladuras y la adicción de azúcar y su reducción por evaporación del fuego.

Juliana: Forma de cortar en tiras de 3 a 5cm de largo y entre 1 y 3 mm de ancho.

Jarabe: Muy parecido a la jalea. Aunque en este caso se emplea el término principalmente para describir la mezcla de agua y azúcar en sus diferentes densidades debido a la cocción y reducción de este al fuego.

L

Levantar: Hacer hervir un preparado (anteriormente) para su utilización.

Ligar: Espesar una crema o salsa con algún elemento de ligazón.

Ligazón: Ingredientes que mezclados sirven para espesar una salsa o crema. Se utilizan féculas, empanados, etc.

M

Macerar: Poner el género en compañía de licores o vinos más azúcar para que se aromaticen. Se suelen emplear carnes marinadas y frutas secas o frescas.

Majar: Machacar géneros en el mortero formando una pasta para condimentar platos o utilizarlos para cocinar.

Marinar: Introducir un género en un líquido compuesto por vinos, hortalizas, hierbas aromáticas y especias para conservarlo, aromatizarlo y ablandarlo.

Mechar: Introducir en una pieza de carne tiras de tocino con la ayuda de una mechadora.

Montar: Por un lado es batir. Y por otro lado es colocar un género sobre otro como una forma de presentar.

N

Nata, Crema de leche: Una sustancia espesa, untuosa, blanca o incluso un poco amarillenta (depende la cantidad de grasa) y se obtiene de la leche en reposo o batida y separando los líquidos de las grasas.

Napar: Cubrir una preparación con una salsa.

Natillas: Plato dulce que se obtiene mezclando yemas de huevo, leche y azúcar, se cuece hasta que espesa y después se deja enfriar.

Nitritos, vienen a ser lo mismo que los nitratos. Se utilizan en las carnes crudas como conservante, además de potenciar esos colores rosados característicos en las bandejas de piezas de carne al corte. Aunque también se utilizan en embutidos, etc.

Ñ

Ñame: Tubérculos de plantas tropicales de África y América del Sur. Pueden llegar a pesar 50 kilos y no suelen verse por estas latitudes.

Ñora: Pimiento rojo seco, pequeño y redondo. Se utiliza como el pimentón, para dar color y sabor.

O

Orujo. Aguardiente que se puede obtener de diferentes alimentos: papas, uvas, cereales, etc.

Ossobuco: Plato a base de carne (cortada con el hueso y su tuétano) preparado con tomate y vino.

P

Perfumar: Añadir un ingrediente a una preparación que le confiere un aroma especial. Puede ser un condimento, vino, licor, etc.

Picar: Cortar los ingredientes de una receta con cuchillo o máquina.

Pinchar: Hacer pequeños agujeros en la superficie de una preparación. Por ejemplo, el fondo de una masa para que no suba en el horno.

Pinzar: Además de utilizar unas pinzas en cocina, puede ser el servicio de un camarero utilizando una cuchara y un tenedor en forma de pinza, por ejemplo, en el servicio a la francesa.

Plastón: Es el nombre que recibe la masa de hojaldre antes de estirarla de forma definitiva para cortarla en las diferentes piezas.

Pochar: Cocinar a fuego lento ingredientes para que se ablanden sin que cojan color.

Pomada: El punto de la mantequilla al estar a temperatura ambiente.

R

Rebozar: Pasar un género por harina primero y después por huevo batido para freírlo. Aunque hoy en día casi que rebozar es pasar cualquier ingrediente por cualquier otro.

Rectificar: Corregir de sazón una preparación.

Reducir: Concentrar por evaporación salsas y fondos.

Refrescar: Enfriar un producto para cortar el punto de cocción. Por lo general se sumerge en agua fría.

Rehogar: Cocinar de forma parcial o total un género a fuego lento con algo de grasa y por lo general algún condimento hasta que tome color o se haya cocinado por completo.

Risolar: Dorar a fuego fuerte y con algo de grasa un género previamente blanqueado. Por ejemplo, unas papas. Se termina al horno fuerte para que se dore por fuera y cocido por dentro.

S

Salazón: Es una técnica de conservación que se aplica sobre todo a pescados y jamón. Se introduce el género en sal y se conservan porque se extrae el agua del interior impidiendo la proliferación de bacterias y otros microorganismos.

Salsear: Es la acción de cubrir un género con una salsa.

Saltear: Cocinar a fuego vivo un género con poca grasa (mantequilla, aceite, etc.).

Sartén: Utensilios de cocina, redondas y generalmente con un mango alargado. En ellas se fríe, de saltea, se hacen cosas a la plancha, etc.

Sazonar: Es la acción de incorporar ingredientes como especias, sales, hierbas, condimentos, etc., a los géneros que se están cocinando.

Sifón: Envase que se utiliza con cargas de NO2 para hacer espumas de muy diversos géneros con base de grasa, claras de huevo o gelatina.

Tamizar: Separar, mediante un tamiz o cedazo, la parte gruesa de una harina o producto análogo.

Tarta: Pastel grande, generalmente redondo, hecho de bizcocho, pasta de almendra, etc. y relleno.

Tartera: molde redondo y bajo para tartas y pasteles.

Terrina: Cazuela de barro utilizada para confeccionar y servir paté. Paté preparado en esa cazuela.

Timbal: Molde de barro o metal en forma de cuenco.

Timbal: Remover con batidor o espátula cualquier clase de salsa. Envase abierto por ambos lados, que se utiliza para colocar los alimento en los platos de manera decorativa

Trinchar: Cortar una vianda limpiamente.

Tropezones: Cubos de pan frito.

Trufar: Rellenar aves, embutidos, etcétera, con un compuesto a base de trufas.

Trufas: Setas poco corrientes, blancas o negras, de firme textura y delicado sabor. Se utilizan principalmente como guarnición.

Turnedó: (tournedó) Filete cortado de la parte central del solomillo.

Varillas: Utensilio para batir. (batidor).

Vinagre: Líquido compuesto principalmente de ácido acético diluido en agua, que resulta de la fermentación del vino, sidra y otros líquidos alcohólicos.

Vinagreta: Salsa de aceite, vinagre, sal y pimienta, condimentada a veces con hierbas aromáticas.

9 781798 415696